Maurice Nadeau

Hi~~stoire~~
du su~~rréalisme~~

Éditions du Seuil

Ouvrage de
Maurice Nadeau

aux Éditions du Seuil

Histoire du surréalisme
suivi de
Documents surréalistes
édition reliée

MAQUETTE DE COUVERTURE
PIERRE FAUCHEUX

Le document de couverture est extrait
de *La Révolution surréaliste*, n° du 15-12-1929
(Musée de Saint-Denis)

Texte intégral

© *Éditions du Seuil, 1964.*

ISBN 2-02-000576-X

« N'en doutez pas, ce sont les ennemis de l'ordre qui mettent en circulation ce philtre d'absolu. Ils le passent secrètement sous les yeux des gardiens, sous la forme de livres, de poèmes. Le prétexte anodin de la littérature leur permet de vous donner à un prix défiant toute concurrence ce ferment mortel duquel il est grand temps de généraliser l'usage... Achetez, achetez la damnation de votre âme, vous allez enfin vous perdre, voici la machine à chavirer l'esprit. J'annonce au monde ce fait-divers de première grandeur : un nouveau vice vient de naître, un vertige de plus est donné à l'homme : le surréalisme, fils de la frénésie et de l'ombre. Entrez, entrez, c'est ici que commencent les royaumes de l'instantané... » Aragon, le Paysan de Paris, 1924.

Avertissement

*Une histoire du surréalisme ! Le surréalisme est donc mort !
Telle n'est pas notre pensée. L'état d'esprit surréaliste, il vau-
drait mieux dire : le comportement surréaliste, est éternel.
Entendu comme une certaine disposition, non pas à transcen-
der le réel, mais à l'approfondir, à « prendre une conscience
toujours plus nette en même temps que toujours plus passion-
née du monde sensible [1] », but de toutes les philosophies qui
n'ont pas seulement pour objet la conservation du monde tel
qu'il est, soif éternellement inapaisée au cœur de l'homme. En
ce sens Breton a pu dire qu' « Héraclite est surréaliste dans la
dialectique... Lulle dans la définition... Baudelaire dans la
morale... Rimbaud dans la pratique de la vie, et ailleurs [2]... »*

*Toutefois, il y eut, à proprement parler, un mouvement sur-
réaliste, dont la naissance coïncide, en gros, avec la fin de la
première guerre mondiale, la fin avec le déclenchement de la
deuxième. Vécu par des hommes s'exprimant par la poésie, la
peinture, l'essai, ou la conduite particulière de leur vie, en tant
que succession de faits, il appartient à l'histoire, il est une suite
de manifestations dans le temps. C'est l'histoire de ce mouvement que nous avons tentée.*

*Nullement pour le simple plaisir de nous plonger dans le
passé, si prestigieux fût-il ; pas entièrement pour en fixer une
image aussi exacte que possible, avant qu'il ne devienne sujet
de thèse (universitaire) ; pas davantage parce que cette tentative de complète libération de l'esprit est exaltante, mais aussi
pour en marquer les limites, pour montrer que sur le plan de
l'esprit il est difficile d'aller plus loin et plus profondément, et
que si le surréalisme aboutit, malgré lui, à une magnifique*

1. André Breton, *Qu'est-ce que le surréalisme ?* Henriquez, 1934.
2. André Breton, *Manifeste du surréalisme*, Kra, 1924.

explosion artistique, il mène aussi à un cul-de-sac idéologique.
Il doit être « surmonté et dépassé » par ses continuateurs.
    Par quelle dialectique s'effectuera ce mouvement ? C'est ce
qu'il importera de déterminer. Probablement ailleurs que sur le
plan de l'art. Car ce mouvement anti-littéraire, anti-poétique,
anti-artistique n'aboutit qu'à une nouvelle littérature, une nou-
velle poésie, une nouvelle peinture, infiniment précieuses certes,
mais qui répondent insuffisamment à ce qu'on nous avait
promis. Tant d'énergie, tant de foi, tant d'ardeur, tant de
pureté, menant à quelques nouveaux noms sur un manuel
d'histoire littéraire et à l'enrichissement de quelques marchands
de tableaux ? Nous sommes loin de compte avec la transformation totale de la vie *qu'on se donnait pour fin. La faute, est-*
il besoin de le dire, n'en incombe pas aux seuls surréalistes. Et
Breton avait le sentiment de ce demi-échec, lui qui lançait dans
le Deuxième Manifeste [3] *le S. O. S. : « C'est à l'innocence, à la*
colère de quelques hommes à venir qu'il appartiendra de déga-
ger du surréalisme ce qui ne peut manquer d'être encore
vivant, de le restituer, au prix d'un assez beau saccage, à son
but propre. » Cette tâche fixée par Breton n'est pas présente-
ment la nôtre. Nous nous sommes borné à raconter, à revivre
des expériences qui ne resteront pas sans lendemain. Nous
avons voulu les décrire, telles qu'elles se sont effectuées, le
moins inexactement possible.
    L'auteur du présent ouvrage n'a pas vécu du dedans la vie
surréaliste, et son travail paraîtra incomplet ou insuffisant à
ceux qui en ont été les protagonistes. C'est inévitable. Bien
qu'en marge de ce mouvement, s'il a choisi malgré tout d'en
parler, c'est que sa position comporte aussi des avantages : ne
serait-ce que celui de l'objectivité, qui passe celui du pur témoi-
gnage. Non quant au dessein général (certains trouveront
même peut-être gênantes la sympathie et l'admiration manifes-
tées pour le surréalisme et les surréalistes), mais quant aux
personnes, à leurs rapports et aux faits qui en découlèrent.
L'auteur a eu néanmoins l'occasion d'approcher Breton et ses
amis au moment où l'orage de la deuxième guerre mondiale
allait se déclencher. Il a la chance d'avoir pour ami un de ceux
qui furent pour beaucoup dans la naissance du surréalisme et

3. Décembre 1929.

son évolution. Depuis son adolescence il s'est intéressé aux ouvrages et manifestations surréalistes. Il a rencontré d'autre part, en vue de ce travail, des hommes qui ont participé au mouvement à des époques différentes et qui, tels Georges Hugnet et Raymond Queneau, ont bien voulu mettre à sa disposition leur bibliothèque et leurs documents, sans parler de leurs conseils et avis, encore plus précieux. Il s'est entretenu avec Michel Leiris, Jacques Prévert, J.-A. Boiffard. Il n'a pas été un témoin, du moins ses documents sont-ils puisés à bonne source. S'ils ont été bien ou mal utilisés, c'est une autre affaire.

Il y a toujours, certes, des inconvénients à parler des vivants, à porter des jugements sur eux, à établir à propos d'eux des préférences qui ne peuvent être que personnelles. Il est vrai que le bruit des querelles s'apaise, que tous ont le sentiment, aujourd'hui, d'avoir vécu une période importante de leur vie et d'avoir participé à un mouvement qui, même pour ceux qui l'ont renié, reste leur orgueil. Qu'ils soient persuadés, et le lecteur avec eux, de notre bonne foi.

Qu'on ne cherche pas toutefois dans cet ouvrage ce qui ne saurait s'y trouver. L'auteur a eu la faiblesse de prendre le surréalisme au sérieux. Il n'a pas la naïveté de croire que tout y fut sérieux, mais le burlesque même et la farce ont un sens qui les dépasse. C'est lui qu'il fallait retrouver.

Novembre 1944.

1

L'élaboration

1. La guerre

« Il n'est plus possible de considérer le surréalisme sans le situer dans son temps. »   Aragon.

Etudier un mouvement d'idées en voulant ignorer ce qui l'a précédé ou suivi, en faisant abstraction de la situation sociale et politique qui l'a nourri et sur laquelle, à son tour, il a pu agir est un travail vain. Le surréalisme, en particulier, est fortement engagé dans l'entre-deux-guerres. Dire comme certains qu'il n'en est sur le plan de l'art qu'une manifestation pure et simple est d'un matérialisme un peu simple : il est aussi l'héritier et le continuateur des mouvements artistiques qui l'ont précédé, et sans qui il n'eût pas existé. C'est donc sous ces deux aspects à la fois qu'il faut le considérer.

Entre 1918 et 1940 il a été le contemporain d'événements sociaux, politiques, scientifiques, philosophiques de première importance. Certains l'ont fortement marqué : il a donné sa couleur propre à d'autres. Né à Paris d'une dizaine d'hommes, il ne s'est pas borné à la France, mais a étendu son champ aux antipodes. Loin d'être une petite chapelle artistique bien parisienne, il a eu des adeptes et influencé des hommes en Angleterre, Belgique, Espagne, Suisse, Allemagne, Tchécoslovaquie, Yougoslavie, et même dans les autres continents : Afrique, Asie (Japon), Amérique (Mexique, Brésil, Etats-Unis). A l'Exposition internationale du Surréalisme qui se tint à Paris (janvier-février 1938), quatorze pays étaient représentés. Le surréalisme avait brisé les cadres nationaux de l'art. Il survolait les frontières. Nul mouvement artistique avant lui, y compris le romantisme, n'a eu cette influence et cette audience internationales. Il a été la nourriture savoureuse des meilleurs artistes de chaque pays, le reflet d'une époque qui, sur le plan artistique aussi, devait envisager ses problèmes à l'échelle du globe.

Il serait cependant erroné de croire qu'un mouvement de cette ampleur a été le fruit de quelques cerveaux isolés. L'audience qu'il a trouvée, l'admiration et la haine qu'il a suscitées, prouvent qu'il répondait à des besoins, des aspirations, éternels certes, mais qui prirent une particulière acuité à l'époque qui l'a vu naître. Il a été d'autre part précédé par le cubisme, le futurisme, Dada. Les chefs de file du surréalisme : Aragon, Breton, Eluard, Péret ont même constitué le groupe Dada français jusqu'en 1922, et Dada notamment ne s'explique pas, si l'on veut oublier qu'il est né en pleine guerre, en 1916, qu'il s'est répandu comme une traînée de poudre dans l'Allemagne vaincue de 1918, pour toucher finalement la France exsangue des années 1919-1920.

A l'Armistice, la situation sociale et politique de l'Europe est exceptionnelle. Il y a bien théoriquement deux camps : celui des vainqueurs et celui des vaincus, mais les premiers se trouvent dans un dénuement à peine moins grand que les seconds. Dénuement non seulement matériel, mais total, et posant déjà après quatre années de tueries et de destructions de toutes sortes, la question de confiance au régime. Car quoi ? Tant de moyens gigantesques pour aboutir à une rectification de frontières, à la conquête de nouveaux débouchés pour les uns, à leur perte pour les autres, au vol de colonies déjà volées ? C'est bien dans cette disproportion entre les moyens et les fins qu'apparaît la folie du système. Un régime, incapable de discipliner ses forces autrement que pour les faire servir à l'amoindrissement et à la destruction de l'homme, a fait faillite. Faillite aussi des *élites* applaudissant dans tous les pays au massacre généralisé, s'ingéniant à trouver des mesures capables de le faire durer. Faillite de la science dont les plus belles découvertes résident dans la qualité nouvelle d'un explosif, ou le perfectionnement d'une quelconque machine à tuer. Faillite des philosophies, ne voyant plus dans l'homme que son uniforme, et s'ingéniant à lui donner des justifications pour qu'il ne prenne pas une conscience honteuse du métier qu'on lui fait faire. Faillite de l'art, qui n'est plus bon qu'à proposer le meilleur camouflage, de la littérature, simple appendice au communiqué militaire. Faillite universelle d'une civilisation qui se retourne contre elle-même et se dévore.

Et l'on aurait souffert que, dans ce cataclysme, la poésie

continuât son ronron, que des hommes ayant vécu le cauchemar vinssent nous parler de la beauté des roses et du « vase où
meurt cette verveine » ? Breton, Eluard, Aragon, Péret, Soupault ont été profondément marqués par la guerre. Ils l'ont
faite contraints et forcés. Ils en sortent dégoûtés ; ils ne veulent
plus rien avoir de commun avec une civilisation qui a perdu
ses raisons d'être, et le nihilisme radical qui les anime ne
s'étend pas seulement à l'art, mais à toutes les manifestations
de cette civilisation. Car cette société qui les a envoyés allégre-
ment à la mort, les attend au retour, s'ils en réchappent, avec
ses lois, sa morale, ses religions. Seize ans plus tard, se repor-
tant à cette époque, Breton disait, donnant peut-être à ses idées
de l'armistice un tour plus net qu'elles n'avaient en réalité :

« Je dis que ce que l'attitude surréaliste, au départ, a eu de
commun avec celle de Lautréamont et de Rimbaud et ce qui,
une fois pour toutes, a enchaîné notre sort au leur, c'est le
DEFAITISME de guerre », *et il ajoute* : « A nos yeux, le
champ n'était libre que pour une Révolution étendue vraiment
à tous les domaines, invraisemblablement radicale, extrêmement répressive... » *Plus loin :* « Dans l'ignorance où l'on serait
de cette attitude, j'estime qu'on ne pourrait parvenir aucune-
ment à se faire une idée de la démarche surréaliste. Cette
attitude seule répond à cela très suffisamment de toutes les
outrances qui peuvent nous être attribuées, mais qui ne
peuvent être déplorées que dans la mesure où l'on suppose
gratuitement que nous pourrions être partis d'un autre
point [1]. »

Paroles non équivoques qui expliquent avec quelle joie Breton et ses amis se précipitent dans Dada, entreprise sans précédent de destruction de toutes les valeurs traditionnelles,
réplique, inefficace, aux replâtrages des diplomates internatio-
naux réunis dans le Paris de la Conférence de la Paix.

1920, en effet, est l'année de la signature des derniers traités
de paix, le commencement de la liquidation de la guerre. Le
monde capitaliste inaugure une nouvelle stabilisation, d'ailleurs
toute provisoire. Les problèmes pour la résolution desquels
s'est poursuivie cette boucherie de quatre années n'ont pas été
résolus, et tous le sentent. Une nouvelle civilisation, fondée sur

---

1. André Breton, *Qu'est-ce que le surréalisme ?* (op. cit.).

des valeurs nouvelles, est née à l'est du continent, et jouit d'un immense prestige aux yeux de ceux qui n'ont « rien à perdre mais tout à gagner » au changement. Là-bas, derrière le « cordon sanitaire » de Clemenceau, des hommes s'essayent à vivre une autre vie, alors que les combattants de l'Occident vont retomber dans un désordre qu'ils connaissent trop bien. Quoi d'étonnant à ce qu'ils se sentent frustrés dans leurs aspirations, et à ce que les meilleurs prennent conscience de la tromperie dont ils ont été victimes ?

La machine, moyennant la réparation de certains rouages, recommence à tourner. Il y a des grincements, des grippages : des mouvements révolutionnaires un peu partout ; mais le changement espéré ne s'effectuera tout de même pas. Les maîtres ont su s'arrêter à temps, et au besoin faire échange de bons offices pour ramener à la raison « le monde d'en bas ». Une prodigieuse révolution rendue nécessaire, depuis des années déjà, avorte.

Les rescapés calmés, les plaies pansées, les ruines relevées, non sans heurts, sans aléas de toutes sortes, le régime peut croire qu'une nouvelle ère de prospérité s'ouvre devant lui. Les masses sous-alimentées, privées durant de longues années de la satisfaction des plus élémentaires besoins, deviennent des consommateurs avides, aux désirs accrus. C'est l'euphorie provisoire et factice de tous les lendemains de guerre. On fabrique des automobiles ; l'avion va devenir le moyen de transport habituel des grands hommes d'affaires ; le chemin de fer, le paquebot raccourcissent les distances. Les découvertes scientifiques entrent dans la vie commune : les foules se ruent au cinéma, commencent à délaisser l'antique phonographe à pavillon pour le grinçant, chuintant, sifflant appareil de T. S. F. dont on place les écouteurs sur les oreilles. Le monde s'est rapetissé aux dimensions de l'homme. De cette boule de 40 000 kilomètres de tour, un littérateur peut écrire : « Rien que la terre. » Cet aspect nouveau de la planète, l'avaient déjà naïvement exalté les futuristes et, certains, comme Apollinaire, avaient même trouvé une poésie singulière dans les « beautés » de la guerre.

« J'admets que deux fois deux quatre est
une chose excellente, mais s'il faut tout
louer, je vous dirais que deux fois deux
cinq est aussi une chose charmante. »
Dostoïevsky.

Ce qui n'a pas progressé du même pas, c'est la connaissance
de l'homme, qui sait appliquer sa raison, ses facultés logiques à
changer le monde, mais qui s'est trouvé impuissant à se changer lui-même. Il est resté le sauvage qui use d'appareils dont il
ne connaît que le fonctionnement approximatif. Plus même, il
devient le prisonnier de ces machines qu'il fabrique en grande
série. Il se met à les adorer comme le sauvage ses idoles ; il
leur demande de faire la pluie et le beau temps, il leur
demande de lui changer sa vie. Non seulement elles restent
sourdes à son appel, mais elles lui font sentir plus durement
son esclavage. Et au bout de la course : la culbute dans une
nouvelle guerre. Le beau résultat ! L'homme avait fait une
belle cage pour emprisonner les forces de la nature, il y parvient, mais ne s'aperçoit pas qu'il s'y enferme lui-même. Il a
beau crier, tempêter, se déchirer les poings contre les barreaux,
ceux-ci résistent, ils sont le fruit d'un travail vraiment raisonnable, vraiment parfait. Et du même coup le mal n'est pas
seulement dans ses créations, il est en lui-même. Il a bâti une
civilisation atroce parce qu'il est devenu un monstre cérébral
avec hypertrophie des facultés raisonnantes. La raison, la
logique, les catégories, le temps, l'espace, le deux et deux font
quatre, ont fini par lui apparaître comme les seules réalités
vivantes, alors qu'elles n'étaient que des cadres commodes, des
moyens pratiques et provisoires, pour réaliser son action, infiniment supérieurs à l'empirisme primitif et au mysticisme reli-
gieux, mais simple étape sur le chemin de la pensée, et qui
demande à être dépassée. Le vieil Hegel et sa dialectique sont
les répondants de ce nécessaire dépassement, et ce n'est pas par
hasard que les surréalistes feront de lui le pilier de leur philosophie. Il appartient toujours certes au camp des « raison-
neurs », des logiciens, des fabricants de systèmes-camisoles de
force, mais qui sait si dans ce camp-là également quelques
hommes ayant pris conscience du divorce fondamental entre
l'homme et le monde ne vont pas jeter le cri d'alarme ? Il le
semble en effet. On s'est empressé aux cours du Collège de

France pour entendre Bergson vitupérer la raison et proclamer la toute-puissance de « l'élan vital ». Mais incapable de définir cet « élan vital », il ne peut que proposer à nouveau la vieille solution fidéiste. Einstein est plus sérieux, on ne comprend pas toujours ce qu'il dit dans son langage de savant, mais de singulières lumières fusent de-ci de-là, en aurores boréales : « Nous nous sommes trompés, dit-il en substance, le monde véritable n'est pas ce que nous avons cru, les conceptions les mieux établies ne valent que pour notre tran-tran quotidien, au delà, elles sont fausses. Fausse la conception de l'espace que nous avions ; faux le temps que nous avons fabriqué. La lumière se propage en ligne courbe et la masse des corps est un véritable élastique. » Les épistémologistes lui emboîtent le pas, ils s'interrogent sur les conditions et les limites de la connaissance. Il paraît bien que cette dernière est tout autre chose que l'action, à qui la science fournit des recettes qui ne sont bonnes que pour elle. On ne peut plus les confondre : voici les mathématiciens avec leur géométrie qui se passe d'Euclide et de son fameux postulat. La raison, la toute-puissante raison, fait figure d'accusée, et d'accusée muette : elle ne peut rien dire pour sa défense. Le réel est autre chose que ce que nous voyons, entendons, touchons, sentons, goûtons. Il existe des forces inconnues qui nous régissent, mais sur lesquelles nous pouvons espérer agir. Il n'est que d'aller à leur découverte.

L'homme déchiré entre sa raison agonisante, mais qui fait toujours la fière, et un domaine inconnu qu'il sent le véritable moteur de ses actes, de ses pensées, de sa vie, et dont il a la révélation dans le sommeil à quoi il consacre près de la moitié de son existence, ose y porter les yeux. Il fait connaissance avec des créatures étranges, il se meut dans des paysages jamais vus, il se livre à des actions exaltantes. Un psychiatre de Vienne, armé d'une lanterne sourde, essaie de parcourir le labyrinthe obscur. Ses découvertes sont si horrifiantes que le bourgeois crie au scandale. Les « médecins » surréalistes suivent l'homme de Vienne à la trace. Eux au contraire, s'étonnent, s'émerveillent, découvrent de nouveaux trésors. Le mur qui séparait si jalousement, si immuablement la vie cachée de la vie publique, l'inconscient du conscient, le rêve du « penser dirigé », logique, s'écroule; la tour penchée de la respectabilité bourgeoise se résout en ses moellons. Sommes-nous sur

le chemin de l'unité ? Orphée va-t-il pouvoir rassembler les
morceaux de son corps déchiré ? Un immense espoir est né.
Les surréalistes trouvent dans les découvertes de Freud une
solution provisoire. Il est prouvé désormais que l'homme n'est
pas seulement un « raisonneur » ni même un « raisonneur
sentimental » comme l'ont été trop de poètes avant eux, mais
aussi un dormeur, un dormeur endurci qui gagne chaque nuit,
dans le rêve, le trésor qu'il dissipera le jour en menue monnaie.
L'homme était non seulement prisonnier de la nature, de ses
conquêtes sur elle, mais de lui-même ; il s'était entouré l'esprit
de bandelettes qui l'asphyxiaient peu à peu. Arrière syllogismes, corollaires, CQFD, la cause et l'effet, « on a souvent
besoin d'un plus petit que soi » : ouvrez les portes au rêve,
place à l'automatisme ! Nous allons voir l'homme tel qu'il est,
nous serons des hommes entiers, « déchaînés », délivrés, osant
prendre enfin conscience de nos désirs, et osant les réaliser.
Plus d'obscurité ! Nous allons tous habiter la « maison de
verre » ; nous nous verrons tels que nous sommes, tels pourront nous voir qui voudront.

Mais les surréalistes ne sont ni des politiques, ni des savants,
ni des philosophes, et fort peu des médecins. Ce sont des poètes,
des spécialistes du langage, et c'est à lui qu'ils vont s'attaquer.

Foin d'abord de la logique. Ici surtout elle doit être pour-
chassée, battue, réduite à néant. Il n'y a plus de verbes, de
sujets, de compléments. Il y a des mots, qui peuvent signifier
autre chose que ce qu'ils disent en réalité [2]. Au même titre que
la science, la philosophie, la poésie est un moyen de connaissance ; comme la politique, la médecine, un moyen d'action.
La connaissance se passe de la raison, l'action la dépasse. La
beauté, l'art ont été des conquêtes où la logique a trop de
part ; il faut les ruiner. Il faut que la poésie soit « de l'âme
parlant à l'âme », que le rêve se substitue au « penser dirigé »,
que les images ne soient plus le feu follet courant à la surface
des pensées ou des sentiments, mais des éclairs de foudre,
illuminant à tout instant « les cavernes de l'être ». Un seul
moyen : laisser s'exprimer « l'hôte inconnu » dans sa profon-
deur, dans sa totalité, automatiquement. Une seule précaution :

2. « On peut très bien connaître le mot Bonjour et dire Adieu à
la femme qu'on retrouve après un an d'absence. » André Breton,
« Deux manifestes dada », *les Pas perdus*.

ne pas intervenir. Les poètes d'autrefois ont été inspirés de temps à autre, et c'est ce qui fait le prix de leurs productions ; le poète d'aujourd'hui non seulement l'est toujours, mais d'objet devient sujet : celui « qui inspire ». Il n'est plus seulement « écho sonore », « voyant » ; il est tout cela à la fois, et plus encore : *magicien*. C'est lui qui change la vie, le monde, qui transforme l'homme. Il sait « mêler l'action au rêve », « confondre l'interne et l'externe », « retenir l'éternité dans l'instant », « fondre le général dans le particulier[3] ». Il fait de l'homme à son image une unité indestructible. Il fait de l'homme et du monde un seul diamant.

Mais il n'est pas, pour cela, au-dessus des autres hommes. Il marche « en plein soleil » parmi eux[4]. Le miracle qu'il accomplit, tous peuvent l'accomplir. Il n'y a que des élus. « La poésie doit être faite par tous, non par un[5]. »

C'est là une véritable révolution. D'abord poétique, parce qu'elle nie la poésie en la dépassant. L'arrangement en poème est banni pour laisser place au texte automatique, à la dictée pure et simple de l'inconscient, au récit de rêve. Nul souci d'art, de beauté. Ce sont là piètres fins, indignes qu'on s'y attache. L'*âme* du poète est ce qu'elle est : un magma où tourbillonnent sensations, sentiments, désirs, aspirations qui s'expriment dans le tumulte, l'incohérence, le gratuit, par le truchement de la parole ou de l'écriture, moule immémorialement logique qui doit être disloqué, brisé, réduit en ses éléments simples : les vocables, seuls susceptibles d'exprimer fidèlement la transe poétique dans son intégrité. Les poètes surréalistes, puisqu'on a bien voulu leur concéder ce nom, assistent émerveillés à l'écoulement d'une source vive intarissable, charriant parmi la boue des pépites. Ce qu'ils donnent ne peut plus être comparé avec ce qui s'est fait avant eux. Au prix d'une destruction radicale, devenue nécessaire, ils ont bâti des valeurs nouvelles, dans une atmosphère de création du monde.

Cette révolution poétique a été rendue possible par une révolution intime de l'homme et de ses rapports avec le monde. Vingt siècles d'oppression chrétienne n'ont pu faire que l'homme n'ait encore des désirs, et l'envie de les satisfaire. Le surréalisme proclame la toute-puissance du désir, et la légiti-

3. André Breton, *Les Vases communicants*. — 4. *Ibid*.
5. Lautréamont.

mité de sa réalisation. Le marquis de Sade est la figure centrale de son panthéon. A l'objection que l'homme vit en société, le surréalisme répond par la volonté de destruction totale des liens imposés par la famille, la morale, la religion. « On a fait des lois, des morales, des esthétiques pour vous donner le respect des choses fragiles. Ce qui est fragile est à casser [6]. » « Nos héros sont Violette Nozière la parricide, le criminel anonyme de droit commun, le sacrilège conscient et raffiné. » La vieille opposition traditionnelle du « bourgeois » et de « l'artiste » est remplacée par l'antinomie violente du révolutionnaire et du possédant, de l'esclave et de son maître. Partis d'un idéalisme assez mystique de toute-puissance de l'esprit sur la matière, les surréalistes aboutissent, du moins théoriquement, à un matérialisme de révolution dans les choses mêmes. Plusieurs d'entre eux sauteront même le pas pour fournir des militants aux partis politiques révolutionnaires. La destruction des rapports traditionnels des hommes entre eux aboutit à la construction de nouveaux rapports, d'un nouveau type d'homme.

Le mouvement surréaliste se meut sur différents plans. Il ne lui a guère manqué que des hommes de science, des mathématiciens, des ingénieurs appliquant ses méthodes dans leur domaine particulier, pour tenter de donner dans sa complexité l'image de l'homme de demain.

2. *Les poètes dans la guerre*

> « Tout bien examiné, je crois en effet qu'il vaut mieux adopter surréalisme que surnaturalisme que j'avais d'abord employé. Surréalisme n'existe pas encore dans les dictionnaires, et il sera plus commode à manier que surnaturalisme déjà employé par MM. les Philosophes. »   Guillaume Apollinaire.
> [*Lettre à Paul Dermée, mars 1917*].

Durant la première guerre mondiale, les tout jeunes poètes qui répondaient l'un après l'autre à l'appel de leur classe de

6. Aragon, *Les Aventures de Télémaque*.

mobilisation ne trouvaient pas dans la poésie écrite avant eux la réponse aux questions qu'ils commençaient à se poser. Il y avait eu Nerval, Baudelaire, Rimbaud, Lautréamont surtout, mais ils étaient morts, et l'époque où ils vivaient, bien différente. Il y avait, certes, des vivants, en France : Apollinaire (qui, ayant demandé à partir sur la ligne de feu, se trouvait maintenant avec eux, mais dans des dispositions d'esprit un peu différentes), Picasso qu'ils révéraient, Henri Matisse, Marie Laurencin, Max Jacob, le douanier Rousseau, Derain, Braque, Fernand Léger, etc., peintres ou poètes nouveaux qui, rompant avec les idées traditionnelles, se proclamaient *modernistes* et dont les futurs surréalistes, s'ils ne les avaient bien connus, avaient du moins lu ou vu prôner les œuvres, déjà avant la guerre, dans la revue d'Apollinaire et Paul Cérusse (Serge Férat) : *Les Soirées de Paris.* Ils avaient médité au plus fort de la tourmente (en 1917) le manifeste-programme d'Apollinaire, intitulé l'*Esprit nouveau :*

« Explorer la vérité, la chercher aussi bien dans le domaine ethnique par exemple, que dans celui de l'imagination, voilà les principaux caractères de cet esprit nouveau... L'esprit nouveau admet donc les expériences littéraires même hasardeuses, et ces expériences sont parfois peu lyriques. C'est pourquoi le lyrisme n'est qu'un domaine de l'esprit nouveau dans la poésie d'aujourd'hui, qui se contente souvent de recherches, d'investigations, sans se préoccuper de leur donner de signification lyrique... Mais ces recherches sont utiles, elles constitueront les bases d'un nouveau réalisme... La surprise est le plus grand ressort nouveau. C'est par la surprise, par la place qu'il fait à la surprise, que l'esprit nouveau se distingue de tous les mouvements artistiques et littéraires qui l'ont précédé... Il n'est pas besoin, pour partir à la découverte, de choisir à grand renfort de règles, même étudiées par le goût, un fait classé comme sublime. On peut partir d'un fait quotidien : un mouchoir qui tombe peut être pour le poète le levier avec lequel il soulèvera tout un univers... »

N'était-ce pas ce qu'ils pensaient, tous, au fond, ces jeunes gens d'une vingtaine d'années : André Breton, Paul Eluard, Benjamin Péret, Louis Aragon, Philippe Soupault, et est-il étonnant qu'Apollinaire leur apparût à ce moment comme un dieu ? « L'avoir connu passera pour un rare bienfait », dit

Breton en 1917, célébrant de tout son cœur la poésie de
« l'enchanteur [7] ». Car c'est dans la poésie et son exercice que
ces poètes trouvent malgré tout un refuge. Breton plus peut-
être qu'aucun autre, lui qui, sur les traces de Mallarmé, avait
cherché à ajouter aux subtiles découvertes du maître [8]. Une
rencontre capitale va toutefois décider autrement de sa vie.
Celle de Jacques Vaché, à Nantes, au début de 1916. « Le
pohète » (c'est ainsi que l'appelait Vaché) était à ce moment
provisoirement interne au Centre de neurologie de la rue du
Boccage où Vaché était en traitement pour une blessure au
mollet. Le comportement de ce « jeune homme très élégant,
aux cheveux roux » commença d'intriguer Breton :

« Obligé de garder le lit, il s'occupait à dessiner et à peindre
des séries de cartes postales pour lesquelles il inventait des
légendes singulières. La mode masculine faisait presque tous
les frais de son imagination. Il aimait ces figures glabres, ces
attitudes hiératiques qu'on observe dans les bars. Chaque
matin, il passait bien une heure à disposer une ou deux photographies, des godets, quelques violettes sur une petite table à
dessus de dentelle, à portée de sa main... Nous nous entrete-
nions de Rimbaud (qu'il détesta toujours), d'Apollinaire (qu'il
connaissait à peine), de Jarry (qu'il admirait), du cubisme
(dont il se méfiait). Il était avare de confidences sur sa vie
passée. Il me reprochait, je crois, cette volonté d'art et de
modernisme qui depuis... Jacques Vaché était passé maître
dans l'art d'attacher très peu d'importance à toutes choses...
Dans les rues de Nantes, il se promenait *parfois* en uniforme

7. André Breton, « Guillaume Apollinaire », *les Pas perdus*.
8. Poème publié dans *la Phalange* (1914), recueilli dans *Mont-de-
Piété* :

> D'or vert les raisins mûrs et mes futiles vœux
> Se gorgeant de clarté si douce qu'on s'étonne
> Au délice ingénu de ceindre tes cheveux,
> Plus belle, à n'envier que l'azur monotone.
>
> Je t'invoque, inquiet d'un pouvoir de manteau
> Chimérique de fée à tes pas sur la terre,
> Un peu triste peut-être et rebelle plutôt
> Que toute abandonnée au glacis volontaire.

de lieutenant de hussards, d'aviateur, de médecin. Il arrivait qu'en vous croisant il ne semblât pas vous reconnaître et qu'il continuât son chemin sans se retourner. Vaché ne tendait la main pour dire ni bonjour, ni au revoir [9]...

Ils ne se rencontrèrent plus tard que cinq ou six fois, notamment à la première des *Mamelles de Tirésias*, le drame « surréaliste » d'Apollinaire, le 24 juin 1917 :

« C'est au conservatoire Maubel que je retrouvai Jacques Vaché. Le premier acte venait de finir. Un officier anglais menait grand tapage à l'orchestre : ce ne pouvait être que lui. Le scandale de la représentation l'avait prodigieusement excité. Il était entré dans la salle revolver au poing et il parlait de tirer à balles sur le public [10]. »

Nous retrouverons l'écho de ce souvenir plus de dix années plus tard, dans le *Deuxième Manifeste du Surréalisme* où Breton déclare que « l'acte surréaliste le plus simple consiste, revolvers aux poings, à descendre dans la rue et à tirer au hasard, tant qu'on peut dans la foule ». Ce simple rapprochement montre du même coup l'influence toute-puissante de Jacques Vaché sur le surréalisme. Sa mort énigmatique, quelque temps après l'armistice, couronnant la vie de ce personnage étrange, devait contribuer à en faire l'une des figures les plus vivantes du surréalisme. Aussi le rencontrerons-nous encore aux détours de notre route. Bornons-nous pour l'instant à enregistrer le témoignage de Breton sur son ami :

« Tous les cas littéraires et artistiques qu'il faut bien que je soumette passent après, et, encore ne me retiennent-ils qu'autant que je puis les évaluer, en signification humaine, à cette mesure infinie [11]... »

et sur lui-même :

« Sans lui j'aurais peut-être été un poète ; il a déjoué en moi ce complot de forces obscures qui mène à se croire quelque chose d'aussi absurde qu'une vocation [12]... »

Breton entendit également parler d'un autre aventurier d'envergure, Arthur Cravan, dont la vie et la mort sont égale-

---

9. André Breton, « La confession dédaigneuse », *les Pas perdus*.
10. *Ibid.*
11. *Ibid.*
12. *Ibid.*

ment devenues légendaires. Son brûlot : *Maintenant,* qu'il
publiait irrégulièrement depuis 1913 sur papier de boucherie, il
allait le distribuer en personne aux portes du Salon des Indépendants. L'homme lui-même est peu connu, bien que le fait
d'avoir été « déserteur de dix-sept nations » suffise à assurer sa
gloire. Est-ce son activité de boxeur qui lui permit de faire
accourir pendant la guerre, aux Indépendants de New York,
une foule venue l'écouter disserter sur l'humour moderne ? Il
lui en donna un bel échantillon en « se faisant traîner sur la
scène pour n'émettre que des hoquets et commencer à se
déshabiller au grand émoi de l'assistance, jusqu'à ce que la
police vînt mettre brutalement fin à son manège [13]... »

Vaché, Cravan, deux météores, deux étoiles fixes au ciel
surréaliste.

En cette même année 1916 paraissait le premier numéro de
SIC revue de Pierre Albert-Birot, qui bataillait opiniâtrement
en faveur de *l'art moderne.* On y retrouvait Apollinaire, Reverdy, les tenants du cubisme littéraire et du futurisme. Y
collaboreront, d'une façon d'ailleurs épisodique, Breton et Aragon. Reverdy avait aussi sa propre revue : *Nord-Sud* (1917-
1918). Il jouissait, et continua à jouir, malgré son catholicisme,
et pour des raisons que nous éluciderons, d'une grande
influence sur les fondateurs du surréalisme [14]. Ecrivaient également à *Nord-Sud* : Apollinaire, Max Jacob, dont les noms
voisinent avec ceux de Breton, Aragon, Soupault. *Sic* et *Nord-
Sud* bien que présentant un caractère subversif certain, font
partie malgré tout de l'arsenal cubiste et futuriste.

C'est hors de France, en Suisse, que se construisait une
machine de guerre bien autrement meurtrière pour la poésie et
l'art traditionnels. En effet, le 8 février 1916, à Zurich, lieu de

13. André Breton, « Caractères de l'évolution moderne », *les Pas
perdus.*
14. « *Les Nouvelles littéraires* avaient critiqué l'attribution du
prix du *Nouveau Monde* à Reverdy, déclarant que Max Jacob,
Delteil, Philippe Soupault, Aragon, Breton, étaient plus qualifiés
pour ce prix. Aragon, Breton et Soupault adressent au journal la
lettre suivante : « ... Notre littérature, que nous vous remercions
d'apprécier, est très inférieure à celle de Reverdy. Nous ne craignons
pas en effet de déclarer que Reverdy est actuellement le plus grand
poète vivant. Nous ne sommes auprès de lui que des enfants... » etc.
Journal littéraire, 31 mai 1924.

refuge d'émigrés de toutes sortes et de tous pays, Tristan Tzara, jeune poète roumain, R. Huelsenbeck, Allemand, et Hans Arp, Alsacien, ouvrant un dictionnaire à une page quelconque, baptisent du nom de dada un mouvement qui devait emplir de ses déflagrations les années suivantes, et agir, de ce fait, puissamment sur les destinées du surréalisme naissant. Sans *dada* le surréalisme eût sans doute existé, mais il eût été tout autre.

Non que les fondateurs du mouvement aient eu dès ce moment des idées bien arrêtées. Dada lui aussi a évolué, il n'a pas atteint d'un coup l'intransigeance et la négation totales que nous lui avons connues, et les publications de cette époque (le *Cabaret Voltaire* des années 16-17) mêlent assez bien le cubisme, le futurisme (avec Marinetti), et l'esprit proprement dada de Tzara. Celui-ci venait de se signaler par la publication de *la Première Aventure Céleste de M. Antipyrine* (28 juillet 1916) où se trouvaient placés les uns à côté des autres des mots n'ayant apparemment aucun sens. Jusqu'à sa venue à Paris, Tzara entasse numéros de revues sur manifestes (*Dada, I, II, III...*) et formule cette proposition capitale : « La pensée se fait dans la bouche » qui portait un coup mortel à l'idéalisme philosophique et ouvrait déjà la porte à l'automatisme. A Zurich s'ouvre également l'ère des spectacles-provocations, qui devaient se donner à Paris bien plus tard. Voici, d'après Georges Hugnet, comment s'était passé l'un deux :

« Sur la scène on tapait sur des clés, des boîtes, pour faire de la musique jusqu'à ce que le public protestât, devenu fou. Serner, au lieu de réciter des poèmes, déposait un bouquet de fleurs au pied d'un mannequin de couturière. Une voix, sous un immense chapeau en forme de pain de sucre, disait des poèmes de Arp. Huelsenbeck hurlait ses poèmes de plus en plus fort, pendant que Tzara frappait en suivant le même rythme et le même crescendo sur une grosse caisse. Huelsenbeck et Tzara dansaient avec des gloussements de jeunes ours, ou dans un sac avec un tuyau sur la tête se dandinaient en un exercice appelé *noir cacadou*. Tzara inventait des poèmes chimique et statique [15]... »

15. Georges Hugnet, « L'esprit dada dans la peinture » *Cahiers d'Art*, 1932-1934.

La couverture de *Dada III* s'ornait d'un nouveau nom : Francis Picabia, qui revenait d'Amérique où il avait connu Marcel Duchamp. L'activité de Duchamp comme peintre avait commencé bien avant la guerre avec son « Nu descendant l'escalier », son « Jeune homme triste dans un train », la « Mariée », le « Roi et la Reine traversés par des nus vite », la « Broyeuse de chocolat ». A partir de 1912 il avait borné l'exercice de son immense talent et de son esprit particulièrement aigu, à signer des objets tout faits (ready-made), proclamant ainsi son dégoût de l'œuvre d'art, et montrant qu'un objet manufacturé peut être promu à cette « dignité » par le simple choix de l'artiste. *Le porte-bouteilles* est bien connu, et le fameux urinoir exposé aux Indépendants de New York en 1917 sous le nom de « Fontaine ». Sa hantise des lois du hasard le fit par la suite confectionner toutes sortes de machines aux fonctionnements soigneusement agencés et aux effets déroutants, sans compter cette peinture sur verre : « La mariée mise à nu par ses célibataires même » qu'il mit plusieurs années à fabriquer et qui figure une recherche de l'impossible. Picabia, avait collaboré aux revues de Duchamp : *Camera Work,* 291, *The blind Man, Wrong-wrong,* et c'est peut-être de Duchamp que lui était également venu le goût de ces peintures et dessins à sujets mécaniques : roues, engrenages, machines, qu'après son séjour à Zurich il fit connaître aux Barcelonais dans sa revue : *391.*

A cette époque, les Français n'étaient pas au courant de cette activité zurichoise. Breton verra pour la première fois des numéros de *Dada* en 1917 seulement chez Apollinaire; Dada ne prendra pied à Paris qu'avec la venue de Tzara, « attendu comme un messie » en 1919. Pour l'instant on peut lire les poèmes d'Eluard : *Le Devoir et l'Inquiétude* (1917), ceux de Soupault : *Aquarium* (1917), tentatives de recherches personnelles, nullement influencées par Dada.

Au moment où va sonner l'armistice, les futurs fondateurs du surréalisme ont baigné dans une atmosphère de guerre particulièrement tonique pour leur mouvement. Ils sont emportés, qu'ils le veuillent ou non, par ce grand courant baptisé par Albert-Birot *l'Esprit moderne.* Les aînés qu'ils admirent sont Picasso, qui n'a pas fini de les étonner, Apollinaire « le dernier grand poète » (Breton), Reverdy qui utilise déjà nombre de procédés surréalistes dans la composition de ses admirables poèmes, Max Jacob « fumiste de génie ». Les *Calligrammes* d'Apollinaire parus dans *Sic*, les poèmes « à crier et à danser » d'Albert-Birot les étonnent et les réjouissent. Ils briseront, assez tard, avec cette école du cubisme littéraire, au moment où ils s'apercevront que, sous couleur d'apporter du nouveau, (et les partisans de l'Esprit moderne en apportent), elle repose les mêmes questions, sans les résoudre, à l'intérieur d'un cercle clos. S'agira-t-il toujours d'amuser l'œil, l'oreille ou même l'intelligence ? Jacques Vaché avait écrit à Breton : « L'art est une sottise », et Tzara, de Zurich, répondait en écho : « Tout ce qu'on regarde est faux. » Ne valait-il pas mieux dès lors, plutôt que de recommencer ce perpétuel tour de chevaux de bois, briser le manège ? C'est à quoi s'employait si bien Tzara qui faisait des adeptes enthousiastes dans l'Allemagne vaincue, en proie à la famine, à la misère, aux émeutes révolutionnaires. C'est finalement à quoi s'emploieront Breton et ses amis.

3. *Dada*

> « Qu'est-ce que c'est beau ? Qu'est-ce que c'est laid ? Qu'est-ce que c'est grand, fort, faible ? Qu'est-ce que c'est Carpentier, Renan, Foch ? Connais pas. Qu'est-ce que c'est moi ? Connais pas, connais pas, connais pas, connais pas. »
> Georges Ribemont-Dessaignes.

Vaché n'avait pas connu Dada et ne devait jamais le connaître. La publication de ses *Lettres de Guerre,* en 1919, ne laisse même pas penser qu'il y eût joué un rôle quelconque, lui si pénétré de « l'inutilité théâtrale et sans joie du tout ». Toutefois, les lettres qu'il envoyait à ses amis, et que tous peuvent lire à ce moment, vont bien dans le sens de la tâche que s'est fixée Dada :

« Nous n'aimons ni l'art ni les artistes (à bas Apollinaire)... nous ignorons Mallarmé, sans haine, mais il est mort. Nous ne connaissons plus Apollinaire — CAR — nous le soupçonnons de faire de l'art trop sciemment, de rafistoler du romantisme avec du fil téléphonique, et de ne pas savoir les dynamos. LES ASTRES encore décrochés ! — c'est ennuyeux — et puis parfois ne parlent-ils pas sérieusement ! Un homme qui croit est curieux. MAIS PUISQUE QUELQUES-UNS SONT NÉS CABOTIN... »

Avec le seul poète qu'il admire, Jarry, il ne croit qu'à l'*umour* :

« sera umore celui qui toujours ne se laissera pas prendre à la vie cachée et SOURNOISE de tout. O mon réveille-matin — yeux — et hypocrite — qui me déteste tant !... et sera umore celui qui sentira le trompe-l'œil lamentable des simili-symboles universels. C'est dans leur nature d'être symboliques... »

Déclaration sans ambiguïté que celle-ci, clé de sa stérilité : « l'umore ne devrait pas produire », absolu qu'il sait irréalisable.

« mais qu'y faire ? J'accorde un peu d'amour à LAFCADIO car il ne lit pas et ne produit qu'en expériences amusantes, comme l'assassinat — et cela sans lyrisme satanique — mon vieux Baudelaire pourri ! — Il fallait notre air sec un peu : machineries — rotatives à huiles puantes — vrombis — vrombis — vrombis — siffle ! Reverdy — amusant le pohète et ennuie en prose ; Max Jacob mon vieux fumiste — PANTINS — PANTINS — PANTINS — Voulez-vous de beaux pantins de bois colorié ? Deux yeux flamme-morte et la rondelle de cristal d'un monocle — avec une pieuvre machine à écrire — J'aime mieux. »

Les *Lettres de Guerre* de Jacques Vaché furent publiées sous les auspices du groupe *Littérature*, rassemblé autour d'une petite revue à couverture jaune qui affichait trois directeurs : Louis Aragon, André Breton, Philippe Soupault. On s'y tient encore assez loin de l'esprit dada. Qu'y trouve-t-on en effet ? André Gide, qui, depuis *les Caves du Vatican*, jouissait auprès des directeurs de *Littérature* d'un assez grand crédit, Paul Valéry, muet depuis vingt ans, qui marque ainsi sa rentrée officielle dans la littérature, Léon-Paul Fargue, André Salmon, Max Jacob, Reverdy, Cendrars, Jean Paulhan. On y trouve

aussi les *Poésies* d'Isidore Ducasse, comte de Lautréamont, et
si, dans la succession des numéros, pendant deux ans, on fait la
connaissance de jeunes qui viennent se faire la main : Radi-
guet, Drieu la Rochelle, Paul Morand, on en voit de moins
jeunes comme Jules Romains, père de l'unanimisme. Le souvenir d'Apollinaire est soigneusement entretenu, celui de Mallarmé aussi d'ailleurs, ceux de Cros, de Rimbaud dont le
romancier populaire Jules Mary nous conte des souvenirs
d'enfance. On lit aussi des articles où il est question de Raymond Roussel, l'auteur des *Impressions d'Afrique,* de J-
M. Synge. Moderne, le groupe *Littérature* l'est au meilleur sens
du mot, avec toutefois des préoccupations naissantes : révision
de certaines valeurs, recherche du pourquoi de la création
artistique, valeur de la destinée humaine du poète, qui éclatent
dans l'enquête célèbre : « Pourquoi écrivez-vous [16] ? » Les
réponses ahurissantes, ou cyniques, ou dénuées d'intérêt sont
simplement classées par ordre de valeur croissante pour les
jeunes directeurs de *Littérature,* ce qui nous permet de faire le
point sur l'évolution du groupe. Il faudra trouver bientôt
d'autres réponses aux questions qu'il posera. Car, malgré les
paroles de Breton citées plus haut, ce n'est pas à une activité
purement destructive qu'il se livre. La redécouverte de Lautréamont et de Rimbaud, les recherches purement poétiques de
Mallarmé, de Cros, de Valéry même, invitent à une « systéma-
tisation moins anarchiste, moins désinvolte d'une lutte à entre-
prendre [17] ». C'est le moment aussi où commencent à se
répandre les troublants travaux du Professeur Freud : il semble
tenir les clés d'une cachette mystérieuse que le trio directorial
de *Littérature* se hâte d'explorer. C'est peut-être là, après tout,
que se trouve l'issue perpétuellement cherchée, perpétuellement
refusée.

Mais Tzara vint, qui remit tout en question.

Il arrivait, précédé d'une réputation qui n'était pas usurpée.
Son propre apport mis à part, et qui est immense, il va jouer le

16. Pour toute cette période, outre la lecture des documents com-
pulsés, nous nous sommes inspiré de l'étude citée de Georges
Hugnet.
17. Georges Hugnet, « L'esprit dada dans la peinture » *Cahiers
d'Art*, 1932-1934.

rôle de catalyseur des tendances révolutionnaires qui animaient
le groupe *Littérature* et ceux qu'il influençait.

« Enfin son entrée coupe court à toutes ces bonnes vieilles
discussions qui usaient chaque jour un peu plus les pavés de la
capitale. Il ne compose pas, si peu que ce soit, avec les fractions arriérées... »
reconnaîtra Breton au plus fort de la brouille avec l'homme
qui marche « avec ce défi dans le regard [18] ». Dès son arrivée,
en effet, il est question d'autre chose. Avec lui, Dada commence vraiment son étonnante carrière parisienne. D'abord, il
décide de donner à *l'élite* de la capitale un aperçu de ses
talents, en recommençant, sur un plan plus large, les spectacles-provocations de Zurich. Au premier vendredi de *Littérature* (23 janvier 1920) :

« André Salmon prend d'abord la parole. On récite des
poèmes. Le public est content, car en somme il y a là-dedans
un certain art, mais son plaisir se gâte bien vite. Voici des
masques qui récitent un poème désarticulé de Breton. Sous le
titre de poème, Tzara lit un article de journal, tandis qu'un
enfer de sonnettes et de crécelles l'accompagne. Le public
naturellement ne tient plus, et siffle. Pour achever ce beau
chahut, on présente des peintures parmi lesquelles un tableau
de Picabia, tableau des plus scandaleux au point de vue plas-
tique qui porte comme quelques tableaux et manifestes de
Picabia de cette époque le titre de LHOOQ [19]. »

L'ambiance est créée. Le bulletin dada de février rassemble
les noms de Picabia, Tzara, Aragon, Breton, Ribemont-Dessaignes, Eluard, Duchamp, Dermée, Cravan, et proclame :
« Les vrais dadas sont contre dada. Tout le monde est directeur de *Dada*. » Tandis que les manifestations suivent leur
train. La deuxième, qui a lieu le 5 février au Salon des Indépendants, mobilise trente-huit conférenciers pour la lecture de
manifestes. Il est vrai que celui de Picabia est lu par dix
personnes à la fois, celui de Ribemont-Dessaignes, par neuf,
etc. Isolons dans l'un d'entre eux ces lignes qui sont tout un
programme :

« Plus de peintres, plus de littérateurs, plus de musiciens,

18. A. Breton, « Caractères de l'évolution moderne », *les Pas
perdus.*
19. Georges Hugnet, *loc. cit.*

plus de sculpteurs, plus de religions, plus de républicains, plus de royalistes, plus d'impérialistes, plus d'anarchistes, plus de socialistes, plus de bolcheviques, plus de politiques, plus de prolétaires, plus de démocrates, plus d'armées, plus de police, plus de patries, enfin assez de toutes ces imbécillités, plus rien, plus rien, rien, RIEN, RIEN, RIEN.

« De cette façon nous espérons que la nouveauté qui sera la même chose que ce que nous ne voulons plus s'imposera moins pourrie, moins immédiatement GROTESQUE[20]. »
La foule, accourue pour voir Charlie Chaplin dont les organisateurs avaient frauduleusement annoncé la présence, quitte la salle dans l'obscurité, au milieu d'un désordre indescriptible, après avoir jeté des mitraillades de gros sous sur les lecteurs. Plus tard, elle remplacera les gros sous par des œufs, qui font un plus bel effet décoratif (festival de la salle Gaveau). Le journaliste d'Esparbès, adversaire déclaré du mouvement dada, décrit en ces termes une exposition des *collages* de Max Ernst :

« Avec le mauvais goût qui les caractérise, les dadas ont fait appel cette fois au ressort de l'épouvante. La scène était dans la cave et toutes les lumières éteintes à l'intérieur du magasin ; il montait par une trappe des gémissements. Un autre farceur, caché derrière une armoire, injuriait des personnalités présentes... les dadas, sans cravate et gantés de blanc, passaient et repassaient... André Breton croquait des allumettes, Ribemont-Dessaignes criait à chaque instant : « Il pleut sur un crâne », Aragon miaulait, Philippe Soupault jouait à cache-cache avec Tzara, tandis que Benjamin Péret et Charchoune se serraient la main à chaque instant. Sur le seuil, Jacques Rigaut comptait à voix haute les automobiles et les perles des visiteuses[21]... »
Ces provocations constantes à l'égard d'un public avide d'art moderne et d'émotions esthétiques nouvelles, qui venait voir Dada parce qu'il croyait les y trouver en effet, et qui eût peut-être même adopté Dada si celui-ci l'eût voulu, s'accompagnent de recherches collectives et solitaires dans de nombreux domaines, d'attaques contre la littérature et l'art officiels qui sont moins gratuites. Cette bataille plus efficace est le fait des

20. Manifeste d'Aragon.
21. Cité par Georges Hugnet, *loc. cit.*

gens de *Littérature* ancienne série, ou encore de Picabia, qui
rompront avec Dada quand ils s'apercevront que Dada n'a fait
que remplacer l'impasse de l'art officiel par le cul-de-sac de
l'agitation stérile. Attaques contre les hommes : « Si vous lisez
André Gide tout haut pendant dix minutes, vous sentirez mauvais de la bouche » (Picabia, dans la revue de Paul Dermée : Z) : attaques contre les œuvres sacro-saintes des peintres
du passé : *391,* revue de Picabia, paraît avec une couverture de
Duchamp qui montre la Joconde dissimulant son fameux sou-
rire sous une paire de moustaches. *Cannibale,* qui n'aura que
deux numéros (25 avril-25 mai 1920), est une autre arme au
service de Picabia qui finit par tirer à boulets rouges sur
Dada [22]. Paul Eluard, dans sa petite revue *Proverbe* dont le
numéro 1 paraît en février, s'autorise de ces vers d'Apollinaire :

O bouches, l'homme est à la recherche d'un nouveau langage
Auquel le grammairien d'aucune langue n'aura rien à dire.

pour poursuivre ses recherches sur le langage, dont il entreprend la revision. Il retrouve aux lieux communs, aux « proverbes », aux phrases toutes faites, la valeur explosive qu'ils
avaient à l'origine et qu'ils ont perdue avec l'usage [23]. Il la leur
restitue par le calembour, la contrepèterie, le renversement de
l'ordre usuel des mots dans la phrase. Exemple : « Je me
demande un peu : qui trompe-t-on ici ? Ah ! je me trompe un
peu : qui DEMANDE-t-on ici ? » On rencontre parmi les
collaborateurs de *Proverbe* les noms de Breton, Aragon, Paulhan, Picabia, Soupault, Tzara, Ribemont-Dessaignes.

Breton également tirait de son côté. Après avoir préconisé
une série « d'excursions et visites à travers Paris », dans des
lieux volontairement dérisoires (visite de Saint-Julien-le-
Pauvre, le 14 avril), il se désolidarise d'une manifestation dada

22. Un article de Picabia parmi d'autres : « ... Dufayel me semble
plus intéressant que Ribemont-Dessaignes, Capablanca ou Ford plus
intéressants que Marcel Duchamp, Victor Hugo plus intéressant que
Max Stirner, Pasteur plus intéressant que Néron, Mme Boucicaut
plus intéressante que Paul Poiret, et Mme de Noailles plus jolie à
regarder que Tristan Tzara... (*La Vie moderne,* 25 février 1923.)
23. « Existe-t-il... quelque chose de plus charmant, de plus fertile
et d'une nature plus positivement *excitante* que le lieu commun ? »
Ch. Baudelaire, *Salon de 1859.*

à la Galerie Montaigne, et monte, contre l'avis de Tzara, la grande machine du Procès Barrès.

Dada, pense-t-il en effet, ne peut se borner à crier, il lui faut agir. Agir en premier lieu d'une façon moins anarchique, plus efficace ; ne plus se borner à s'en prendre à l'art officiel, qui n'en continuait pas moins à se bien porter, mais attaquer nommément ses chefs de file, les dénoncer comme « traîtres » à la cause de l'esprit et de l'homme, les juger avec tout l'appareil que la justice bourgeoise déploie à cette occasion. Nul accusé ne pouvait être mieux choisi que Maurice Barrès. Cet écrivain pourvu de dons littéraires certains, et d'un idéal moral qui, dans ses premiers ouvrages, n'était pas pour déplaire aux futurs surréalistes, avait fini par mettre son talent au service de la terre, des morts, de la patrie, toutes valeurs repoussées avec indignation par le groupe *Littérature*. L'entreprise paraissait, aux yeux de Breton, d'autant plus nécessaire que cet écrivain jouissait encore d'une audience et qu'il risquait de détourner de la « bonne voie » des milliers d'activités juvéniles qui ne demandaient qu'à s'employer. Du même coup s'instruisait le procès du *talent,* littéraire ou autre qui, pour les futurs sur-réalistes, faisait figure d'attrape-nigauds.

La « mise en accusation et jugement de Maurice Barrès par Dada » sont annoncés dans *Littérature* pour le vendre-di 13 mai 1921, à 20 h 30 précises, à la salle des Sociétés Savantes, 8, rue Danton. « Douze spectateurs constitueront le jury [24]. »

Ce qui, aux yeux des spectateurs habituels des manifestations dada, pouvait paraître innocente farce, prit une tout autre allure grâce à Breton, et fut-ce pure coïncidence si Barrès abandonna la capitale à ce moment précis ? Les dadas n'en demandaient pas tant, et n'en voulaient nullement, est-il besoin de le dire, à sa vie. Un mannequin de bois assis, au banc des

24. Le tribunal est ainsi formé : président : André Breton ; assesseurs : Th. Frænkel et Pierre Deval ; accusateur public : G. Ribemont-Dessaignes ; la défense : L. Aragon, Ph. Soupault (singulière défense d'ailleurs qui mettait plus d'acharnement que l'accusateur public à demander la tête de son client) ; les témoins : Tzara, Jacques Rigaut, Benjamin Péret, Marguerite Buffet, Drieu la Rochelle, Renée Dunan, Gonzague-Frick, Henri Hertz, Achille le Roy, Georges Pioch, Rachilde, Serge Romoff, Marcel Sauvage, Giuseppe Ungaretti, etc.

accusés, constitua un substitut avantageux. Les juges, les avocats, l'accusateur, étaient vêtus de barrettes, blouses et tabliers blancs ; le tribunal était coiffé de barrettes écarlates. Benjamin Péret figurait le soldat inconnu allemand. Extrayons de l'acte d'accusation formulé par Breton ces considérations qui ne valent pas seulement pour Barrès :

« Dada estimant qu'il est temps pour lui de mettre au service de son esprit négateur un pouvoir exécutif et décidé avant tout à l'exercer contre ceux qui risquent d'empêcher sa dictature, prend dès aujourd'hui des mesures pour abattre leur résistance,

considérant qu'un homme donné étant, à une époque donnée, en mesure de résoudre certains problèmes, est coupable si, soit par désir de tranquillité, soit par besoin d'action extérieure, soit par self-cleptomanie, soit par raison morale, il renonce à ce qu'il peut y avoir d'unique en lui, s'il donne raison à ceux qui prétendent que, sans l'expérience de la vie et la conscience des responsabilités, il ne peut y avoir de proposition humaine, qu'il n'y a pas sans elle de véritable possession de soi-même, et s'il trouble dans ce qu'elle peut avoir de puissance révolutionnaire l'activité de ceux qui seraient tentés de puiser à son premier enseignement,

accuse Maurice Barrès de crime contre la sûreté de l'esprit. »

Isolons aussi ces quelques répliques entre Breton et Tzara qui, fidèle à son programme purement destructeur, voulut se livrer à son activité habituelle, alors que Breton ne l'entendait déjà plus de cette oreille :

« *Le témoin, Tristan Tzara :* Vous conviendrez avec moi, Monsieur le Président, que nous ne sommes tous qu'une bande de salauds, et que, par conséquent, les petites différences : salauds plus grands ou salauds plus petits, n'ont aucune importance.

Le président, André Breton : Le témoin tient-il à passer pour un parfait imbécile, ou cherche-t-il à se faire interner ? »

Le procès-verbal consigne : « La défense prend acte que le témoin passe son temps à faire de l'humour », péché évidemment capital dans cette entreprise.

Cette passe d'armes rapide entre le fondateur de Dada et celui du surréalisme ne fait qu'inaugurer le combat que vont se

livrer ces deux hommes, représentant deux états d'esprit différents, deux « systèmes » qui vont devenir opposés, dont l'un
avait historiquement besoin de l'autre pour naître, mais qu'il
avait non moins besoin d'abandonner pour vivre. Procès de
Barrès certes, mais aussi procès de Dada qui s'ébauche.

On en eut la preuve l'année suivante (1922) lorsque Breton,
éprouvant le besoin de faire le point sur cette agitation d'après
l'armistice et voulant dégager dans un sens constructif les
tendances nouvelles de l'art « moderne », entreprit la convoca-
tion d'un « Congrès international pour la détermination des
directives et la défense de l'esprit moderne ». Dans un tel
dessein, il s'adressa à des gens qui n'étaient point tous de son
bord. Des peintres : Fernand Léger, A. Ozenfant, Delaunay,
des musiciens comme Georges Auric, des littérateurs comme
Paulhan. Tzara, invité, ne pouvait que refuser poliment [25].
Pour lui, en effet, il s'agissait d'un stade déjà dépassé : « Dada
n'est pas moderne », avait-il déjà dit, étant entendu que Dada
niait aussi bien l'art moderne que l'art traditionnel, que l'art
tout court. Conçoit-on un « Congrès de l'esprit moderne » où
Dada ne serait pas présent ? L'abstention de Tzara fit échouer
la tentative de Breton et rendit la rupture définitive. On en vint
finalement aux coups : Breton et Péret sont malmenés à une
représentation du *Cœur à gaz* de Tzara (juillet 1923) où ils
étaient venus manifester. Pierre de Massot s'en tira avec un
bras cassé, et Eluard, après être tombé dans les décors, avec
une note d'huissier lui réclamant 8 000 francs de dommages-
intérêts.

C'est avec soulagement que Breton et ses amis se séparent du
dadaïsme. A côté d'attaques sans grandeur contre Tzara,
allant jusqu'à lui contester la paternité du mot *Dada*, Breton
marque nettement les raisons de son évolution. Il constate
d'abord la mort de Dada [26], et n'accepte plus de s'en tenir à

25. « J'ai le grand regret de vous dire que les réserves que j'avais
formulées sur l'idée même du Congrès ne changent pas du fait que
j'y participe, et qu'il m'est assez désagréable de devoir refuser l'offre
que vous m'avez faite. » Tristan Tzara, *Réponse à Breton*.
26. « Le convoi, très peu nombreux, prit la suite de ceux du
cubisme et du futurisme, que les élèves des Beaux Arts allaient
noyer en effigie dans la Seine. Dada, bien qu'il eût, comme on dit,
son heure de célébrité, laissa peu de regrets : à la longue, son

des velléités [27]. Parce que le dadaïsme « comme tant d'autres choses n'a été pour certains qu'une manière de s'asseoir », Breton brise le cercle vicieux et continue la marche en avant :

« Lâchez tout. Lâchez Dada. Lâchez votre femme. Lâchez votre maîtresse. Lâchez vos espérances et vos craintes. Semez vos enfants au coin d'un bois. Lâchez la proie pour l'ombre. Lâchez au besoin une vie aisée, ce qu'on vous donne pour une situation d'avenir. Partez sur les routes [28]. »

Il n'est pas seul. Au passage, il salue les anciens amis :

« Picabia, Duchamp, Picasso nous restent. Je vous serre les mains Louis Aragon, Paul Eluard, Philippe Soupault, mes chers amis de toujours. Vous souvenez-vous de Guillaume Apollinaire et de Pierre Reverdy ? N'est-il pas vrai que nous leur devons un peu de notre force [29] ? »

Et il accueille les nouveaux venus :

« Mais déjà Jacques Baron, Robert Desnos, Max Morise, Roger Vitrac, Pierre de Massot nous attendent. Il ne sera pas dit que le dadaïsme aura servi à autre chose qu'à nous maintenir dans cet état de disponibilité parfaite où nous sommes et dont maintenant nous allons nous éloigner avec lucidité vers ce qui nous réclame [30]. »

Dès ce moment, *Littérature* nouvelle série (mars 1922-juin 1924) n'a plus rien à voir avec le dadaïsme ; elle est l'organe d'un nouveau courant qui entend ne plus se borner à l'agitation destructrice.

---

omnipotence et sa tyrannie l'avaient rendu insupportable... Si je me suis abstenu, l'an dernier, de prendre part aux manifestations organisées par Dada à la Galerie Montaigne, c'est que déjà ce mode d'activité ne me sollicitait plus, que j'y voyais le moyen d'atteindre sans coup férir ma vingt-sixième année, ma trentième année, et que je suis décidé à fuir tout ce qui prend le masque de cette commodité-là... » Après Dada (dans *les Pas perdus*).

27. « Notre époque a beau ne pas être à une grande concentration, accepterons-nous toujours de nous en tenir à des velléités ?... » *Ibid.*

28. André Breton, « Lâchez tout ! » recueilli dans *les Pas perdus.*

29. *Ibid.*

30. *Ibid.*

4. *Les « excitateurs »*
au surréalisme

> « La science que j'entreprends est une science distincte de la poésie. Je ne chante pas cette dernière. Je m'efforce de découvrir sa source. A travers le gouvernail qui dirige toute pensée poétique, les professeurs de billard distingueront le développement des thèses sentimentales. »
>
> Lautréamont.

« En matière de révolte, aucun de nous ne doit avoir besoin d'ancêtres », proclamait Breton en 1929 [31]. Peut-être, mais en matière de poésie, les surréalistes s'appliquèrent à en découvrir, projetant ainsi de nouvelles lueurs sur des poètes consacrés, ramenant au plein jour des poètes oubliés qui ne méritaient pas de l'être. Le critère de leur choix, faisant ainsi la preuve des influences avérées ou cachées qu'ils ont subies, a été formulé le plus lucidement par Tristan Tzara en 1934 :

« Dénonçons au plus vite un malentendu qui prétendait classer la poésie sous la rubrique des moyens d'expression. La poésie qui ne se distingue des romans que par sa forme extérieure, la poésie qui exprime soit des idées, soit des sentiments, n'intéresse plus personne. Je lui oppose la poésie *activité de l'esprit*... Il est parfaitement admis aujourd'hui qu'on peut être poète sans jamais avoir écrit un vers, qu'il existe une qualité de poésie dans la rue, dans un spectacle commercial, n'importe où, la confusion est grande, elle est poétique [32]... »

En remontant dans le temps, cette optique nouvelle leur fait admirer les « fatrasies » du Moyen Age, qui mêlent l'incohé-

---

31. André Breton, *Deuxième Manifeste du Surréalisme* (1929).
32. Tristan Tzara, *Essai sur la situation de la poésie*. (Le S. A. S. D. L. R.*, n° 4.)

rence à la débauche d'images saugrenues[33]. Alors que le
XVIIe siècle se solde pour eux par un passif total, le XVIIIe voit
naître la source qui ira grossissant jusqu'à eux, sous la forme
du *roman noir* qui oppose son :

« amour des fantômes, des sorcelleries, de l'occultisme, de la
magie, du vice, du rêve, des folies, des passions, du folklore
véritable ou inventé, de la mythologie (voire des mystifica-
tions), des utopies sociales ou autres, des voyages réels ou
imaginaires, du bric-à-brac, des merveilles, des aventures et
mœurs des peuples sauvages, et généralement de tout ce qui
sortait des cadres rigides où l'on avait placé la beauté pour
qu'elle s'identifiât avec l'esprit[34]... »

aux constructions logiques et savantes des rationalistes dont les
surréalistes ne tarderont pourtant pas à voir l'apport véritablement révolutionnaire. Les seules figures de cette époque qu'ils
veulent contempler sont celles d'Horace Walpole, l'auteur du
Château d'Otrante, d'Ann Radcliffe, de Maturin, de Lewis, et,
naturellement, de Sade qui fit de sa vie un véritable « roman
noir ». Les surréalistes tissent une légende autour de son nom.
Il figure pour eux l'exemple le plus haut et le plus exaltant.
Son matérialisme lucide, sa recherche de l'absolu dans le plaisir, sous toutes ses formes et notamment dans le domaine
sexuel, son opposition aux valeurs traditionnelles et à ceux qui
les représentent, ses dons de visionnaire, forment le dessein
accompli de l'homme tel qu'ils le conçoivent.

Avec le Romantisme, français, anglais et surtout allemand,
font irruption dans la littérature et l'art le goût non seulement
de l'étrange, du bizarre, de l'inattendu qui avaient constitué la
matière du *roman noir*, mais l'amour du laid opposé au beau,
le rêve, la rêverie, la mélancolie, la nostalgie des « paradis
perdus », en même temps que la volonté d'exprimer l'ineffable.
En France, plus haut que le Victor Hugo de la « Fin de
Satan » et de « Dieu », les surréalistes placent Aloysius Ber-
trand, les « bousingots » : Petrus Borel, Charles Lassailly qui
donnent à ce romantisme considéré comme « mineur » sa
couleur de révolte, d'aventure et d'authenticité, qui jure à côté

33. *La Révolution surréaliste*, n° 6.
34. Tristan Tzara, *Essai... (loc. cit.)*

des discours rimés de Lamartine ou de Vigny. Surtout Nerval, qui qualifiait lui-même ses états de rêveries de « supernatura- listes » et qui transposa si tragiquement la poésie dans la vie quotidienne, montre aux yeux de Tzara que la poésie s'évade du poème, qu'elle peut exister sans lui. Traducteur du *Faust* de Gœthe, voyageur impénitent, amoureux des pays d'outre-Rhin, il réalise au mieux le lien avec ce romantisme allemand, mys- tique, idéaliste, rêveur, métaphysique [35], qui s'était exprimé quelques années plus tôt aussi bien dans les *Rêves* de Jean- Paul que dans les *Hymnes à la Nuit* des Novalis, dans les Poèmes de Hölderlin que dans les *Contes bizarres* d'Achim d'Arnim. Les romantiques allemands ont ouvert un nouveau domaine que les surréalistes exploreront avec amour, avant de s'en détourner au nom de recherches plus efficientes : pour eux, ces « rêveurs » ne brisent pas la prison où l'homme se débat ; à quelques exceptions près, Arnim notamment, ils s'en évadent par le haut, par des moyens qui répugnent à Breton et ses amis.

Il faut attendre Baudelaire, « premier voyant, vrai poète [36] », pour *indiquer* l'issue. Il ne fait que l'indiquer ; il reste pris dans les soucis formels d'un art qu'il porte certes à la perfection, mais qu'il gâte aussi, au goût des surréalistes, par un roman- tisme de bas étage, de « satanisme pourri ». Le vrai Baudelaire est plus dans les *Scènes parisiennes* et les *Poèmes en prose* que dans les *Fleurs du Mal*. C'est là qu'il a su exprimer ce côté mystérieux de la vie de tous les jours qui est le vrai domaine surréaliste. Et s'il a pu indiquer l'issue, c'est en raison de son « opposition au monde bourgeois [37] » (qui le fera monter sur les barricades de juin 1848), de son « appétit spirituel, de sa continuelle insatisfaction [38] », de sa recherche de « quelque chose d'autre » qu'il devait poursuivre sa vie durant, en vain.

Les successeurs immédiats ou lointains de Baudelaire, Lau- tréamont, Rimbaud, Jarry exceptés (et dont, en raison de leur

35. Cf. le livre d'Albert Béguin, *L'Ame romantique et le Rêve* (Corti).
36. Rimbaud.
37. Tzara, *Essai... (loc. cit.)*
38. *Ibid.*

influence déterminante sur le surréalisme, nous devrons parler
à part), appliquent surtout leurs efforts à la forme même du
poème, qu'ils visent à libérer des moules traditionnels, ou au
langage, dont ils se font un instrument plus précis à leur
service. En général très consciemment, ce qui diminue la portée de leur tentative. En ce sens, l'apport de Mallarmé « désa-
grégeant le dur ciment d'une forteresse qui passait pour inatta-
quable : la syntaxe [39] » n'est pas vain. On sait en quelle estime
Breton commença à le tenir ; on sait aussi avec quelle hâte il se
détourna de lui. Non négligeable non plus fut l'apport des
Charles Gros, Huysmans, Germain Nouveau ; mais à côté des
trouvailles poétiques, des vocables rares, des échappées
momentanées vers l'azur, que de scories, d'affectations, de
pose littéraire ! Défauts multipliés dans l'école symboliste qui,
aux yeux des surréalistes, fait « piètre figure [40] ». Ils en
retiennent l'introduction officielle du vers libre, quelques
pièces des *Serres chaudes* de Mæterlinck, la plus grande part
de l'œuvre de Saint-Pol-Roux. La nuit de l'oubli s'est déjà
étendue sur les Stuart Mill, René Ghil, Viélé-Griffin. La poésie
ne demande pas des chevaliers-servants, elle exige des amants
qui sachent au besoin la violer. Nuls n'y réussirent mieux
qu'Alfred Jarry, Arthur Rimbaud, Isidore Ducasse, comte de
Lautréamont. Tous trois, à des titres différents mais avec le
même enthousiasme désespéré, ont confondu leur vie avec la
sienne, l'ont fait descendre du piédestal où elle était juchée,
pour l'étreindre d'amour.

Jarry, confondant dans une perpétuelle hallucination son
existence avec celle du Père Ubu, s'identifiant en tout point à
sa création au point d'oublier son état civil, marque l'irruption
dans la vie de la valeur suprême de « ceux qui savent » :
l'humour, cet humour qu'il fit encore jaillir avant son dernier
soupir [41]. Ubu, « création admirable pour laquelle je donnerais
tous les Shakespeare et tous les Rabelais » (Breton), c'est le

39. Tzara, *Essai...*
40. *Ibid.*
41. « A la dernière visite que je lui fis, je lui demandai s'il désirait
quelque chose ; ses yeux s'animèrent ; il y avait en effet quelque
chose qui lui ferait grand plaisir. Je l'assurai qu'il l'aurait immédiatement. Il parla : ce quelque chose était un cure-dents. » Dr Sal-
tas. Préface à *Ubu-Roi.*

bourgeois de son temps, et plus encore de notre temps [42]. Il coagule en lui la lâcheté, la férocité, le cynisme, le dédain de l'esprit et de ses valeurs, la toute-puissance de la « gidouille ». Prototype d'une classe de tyrans et de parasites dont Jarry, mort trop tôt, n'a pu contempler l'étendue des méfaits.

La réplique du Père Ubu c'est le docteur Faustroll, « savant pataphysicien », logicien imperturbable, poussant à leurs conséquences ultimes les « spéculations » des géomètres, des physiciens, des philosophes, et se trouvant à l'aise dans un monde devenu parfaitement absurde. Car, plus encore que les types créés, l'atmosphère de l'œuvre de Jarry est unique grâce à l'humour, quatrième dimension de ce monde, sans lui vain et invivable. Il semble résumer le testament de Jarry. Secret conquis au prix d'une longue souffrance, il est la réplique des esprits supérieurs à ce monde où ils se sentent étrangers. Plus que sécrétion naturelle, comme on a trop souvent voulu le considérer, il manifeste au contraire l'attitude héroïque de ceux qui ne veulent pas composer. Il est aussi loin de la fameuse « ironie romantique », considérant d'un air détaché et d'un monde supra-terrestre les événements sans importance de celui-ci, que des fantaisies cubistes et futuristes, délassements d'esthètes ou de bohèmes qui se croient encore un rôle à jouer. Jarry n'a jamais joué un rôle, pas plus qu'il n'a vécu sa vie. Il s'est fait une vie autre, en marge, qu'il a parfaitement remplie. Il a donné ainsi un exemple difficile à suivre, que Vaché avait assimilé, que les surréalistes s'efforceront parfois d'imiter.

Rimbaud avait exprimé sur un plan tragique la même expérience. C'est elle qu'on suit à travers son œuvre et sa vie. Parti de l'imitation de Victor Hugo, il aboutit au mutisme, jugeant en termes méprisants sa fulgurante carrière poétique. Il a dessiné pour les surréalistes la courbe même de l'art, en a même figuré le destin futur. « Il rôde actuellement par le monde

---

42. « Monsieur Ubu est comte du Pape bien entendu. Monsieur Ubu ne conçoit pas les chemins de fer dans leur possible utilité. Monsieur Ubu grignote ses ennemis. Monsieur Ubu pèse lourd sur l'empire colonial et l'oppresse, c'est-à-dire l'opprime. Monsieur Ubu est féroce, sans subtilité, il n'est pas vraiment cruel ! sa méchanceté est plutôt de la violence. Monsieur Ubu est une géniale intelligence intestinale. Comme le dirait Jarry, il gouverne avec ses « instintestincts ». Sylvain Itkine, Programme de la représentation d'*Ubu-enchaîné* (1937).

quelques individus pour qui l'art, par exemple, a cessé d'être une fin », disait Breton en 1922[43]. Rimbaud fut de ceux-là. « Son œuvre mérite de rester en vigie sur notre route », ajoutait-il encore, parce qu'il a exprimé « un trouble que sans doute des milliers de générations n'avaient pas évité, et lui donner cette voix qui résonne encore à notre oreille » : question éternelle de la destinée de l'homme, du « pourquoi sommes-nous faits, et à quoi pouvons-nous accepter de servir, devons-nous laisser là toute espérance ? », question à laquelle les philosophies et les religions ont donné des réponses décevantes, question perpétuellement reposée par les hommes « libres » et qui, pour les surréalistes, constitue le fond du débat.

Y répondre par le comportement poétique, telle a été leur ambition. Ils ont voulu, comme Rimbaud, « aller frapper aux portes de la création », avec, forts de son expérience, quelques illusions en moins. Il devenait impossible après lui de ne pas se réclamer de son œuvre, et les surréalistes en ont été les disciples conséquents.

« Car *Je* est un autre. Si le cuivre s'éveille clairon, il n'y a rien de sa faute. Cela m'est évident : j'assiste à l'éclosion de ma pensée : je la regarde, je l'écoute : je lance un coup d'archet : la symphonie fait son remuement dans les profondeurs, ou vient d'un bond sur la scène. »

Il décrit ainsi la vraie nature de l'inspiration, qui n'est pas une voix venue « d'en haut », d'on ne sait quel ciel mystique, mais des « profondeurs » de l'être, de l'inconscient, à qui les surréalistes ouvriront toutes grandes les portes. « Si ce qu'il rapporte de *là-bas* a forme, il donne forme ; si c'est informe, il donne l'informe. » L'important est de ne pas briser le courant, de tenir cette activité hors des soucis de l'art et de la beauté. L'enjeu en vaut la peine : il ne s'agit rien moins que d'arriver à l'inconnu. Dans ce dessein le poète se fait « voyant », « voleur de feu », « multiplicateur de progrès », au prix d'un « horrible travail » :

« Le poète se fait voyant par un long, immense et raisonné *dérèglement de tous les sens*. Toutes les formes d'amour, de

43. André Breton, « Caractères de l'évolution moderne », *les Pas perdus*.

souffrance, de folie. Il cherche lui-même, il épuise en lui tous les poisons, pour n'en garder que les quintessences. Ineffable torture où il a besoin de toute la foi, de toute la force surhumaine, où il devient entre tous le grand malade, le grand criminel, le grand maudit — et le suprême savant !... »

Rimbaud n'a pu réaliser ce programme ambitieux. Il semble que, parvenu aux portes de l'inconnu, il ait pris peur, se soit dérobé. Faut-il voir dans cet échec la défaveur dans laquelle il tomba chez Breton qui « prenait congé » de lui, en 1929, en ces termes :

« Il est coupable devant nous d'avoir permis, de ne pas avoir rendu tout à fait impossibles certaines interprétations déshonorantes de sa pensée, genre Claudel [44]. »

Mais que dire à ce compte de Germain Nouveau, d'Apollinaire, et d'autres ?

L'étoile de Lautréamont, en revanche, n'a jamais subi d'éclipse.

« C'est à cet homme qu'incombe peut-être la plus grande part, la responsabilité de l'état de choses poétique actuel », disait Breton en 1922 [45]. En 1929, au plein de sa rage iconoclastique qui n'épargnait ni Rimbaud ni Baudelaire ni Poe, il écrit encore :

« Je tiens à préciser que, selon moi, il faut se défier du culte des hommes, si grands apparemment soient-ils. Un seul à part : Lautréamont, je n'en vois pas qui n'aient laissé quelque trace équivoque de leur passage [46]. »

et en 1934, Tzara pouvait encore dire :

« Lui qui dépasse le problème [de la poésie moyen d'expression ou activité de l'esprit] jusqu'à vivre vivant parmi nous, cet être fabuleux mais qui nous est familier, pour qui la

---

44. André Breton, *Deuxième Manifeste du surréalisme* (en note).

45. André Breton, *Caractères de l'Evolution moderne* (loc. cit) : ... « il était une attitude au monde qui défiait hautement toute entreprise de vulgarisation, de classement intéressé, toute volonté d'opportunisme, qui ne relevait de rien que d'éternel. Nous nous opposons, nous continuons à nous opposer à ce que Lautréamont entre dans l'histoire, à ce qu'on lui assigne une place entre Un Tel et Un Tel... » Aragon, Breton, Eluard (*Lautréamont envers et contre tout,* tract à l'occasion d'une réédition de ses œuvres).

46. André Breton, *Deuxième Manifeste...*

poésie semble avoir surmonté le stade de l'activité d'esprit pour
devenir véritablement une dictature de l'esprit [47]. »
C'est de lui que se réclameront le plus fréquemment les surréalistes ; c'est à son œuvre qu'ils brûleront d'égaler la leur. Il
a vraiment été, plus qu'aucun autre, le fécondateur du mouvement. Écoutons encore Breton :

« Pour Ducasse, l'imagination n'est plus cette petite sœur
abstraite qui saute à la corde dans un square ; vous l'avez
assise sur vos genoux et vous avez lu dans ses yeux votre
perdition. Écoutez-la. Vous croirez d'abord qu'elle ne sait pas
ce qu'elle dit ; elle ne connaît rien, et tout à l'heure, de cette
petite main que vous avez baisée, elle flattera dans l'ombre les
hallucinations et les troubles sensoriels. On ne sait pas ce
qu'elle veut, elle vous donne conscience de plusieurs autres
mondes à la fois au point que vous ne saurez bientôt plus vous
comporter dans celui-ci. Alors ce sera le procès de tout et
toujours à recommencer [48]... »

Et c'est à propos des *Chants de Maldoror* que Breton écrivait
cette phrase-clé de l'activité surréaliste : « On sait maintenant
que la poésie doit mener quelque part [49]. » Il ne leur fallait en
somme rien moins que la caution Lautréamont pour « satisfaire (leur) volonté de puissance » dans le « travail littéraire ».
C'est dire, du même coup, à quelle altitude ils le plaçaient.
C'est reconnaître sur eux son influence déterminante et de tous
les instants. Auprès de la sienne, celles que nous avons dénom-
brées restent mineures, épisodiques.

47. Tristan Tzara, *Essai...*
48. André Breton, *Caractères...*
49. André Breton, « Les Chants de Maldoror », *les Pas perdus.*

2
La période héroïque du surréalisme
1923-1925

1. L'époque des sommeils

« Qui est là ? Ah très bien, faites entrer l'infini. »   Aragon.

La rupture formelle de Breton, Aragon, Eluard, Péret avec le dadaïsme se fait au lendemain de l'échec du « Congrès pour l'établissement et les directives de l'esprit moderne », au cours de l'année 1922. Cette rupture avait été rendue nécessaire par les préoccupations antagoniques de Tzara et de Breton. Toutefois, plus que les idées particulières des hommes comptent les conditions objectives qui les font agir. Tzara voulait prolonger artificiellement, sur le plan idéologique, l'état anarchique de l'armistice, état transitoire vers une nouvelle stabilisation économique, sociale et politique de l'Europe, du moins pour quelques années. De nouvelles manières de penser voyaient le jour à partir des découvertes scientifiques, philosophiques et psychologiques d'Einstein, Heisenberg, Broglie, Freud, qui inauguraient une nouvelle conception du monde, de la matière, de l'homme. Les notions de relativisme universel, de ruine de la causalité, de toute-puissance de l'inconscient, brisant avec les notions traditionnelles fondées sur la logique et le déterminisme, imposaient une optique nouvelle et conviaient à des recherches fécondes et passionnées qui rendaient vains les cris et stérile l'agitation. En définitive, Dada était sorti vainqueur : il s'agissait d'exploiter sa victoire et non de s'y complaire.

Le génie de Breton est d'avoir eu l'intuition de ce nouveau départ. Disant de Dada qu'il n'avait été pour lui et ses amis qu'un « état d'esprit [1] », il voulait faire entendre par là que, s'ils y avaient participé, ils dépassaient le mouvement. Il espérait bien pour son compte s'en évader en le surmontant.

Il n'en reste pas moins que, grâce à Dada, le surréalisme à ses débuts nie la solution littéraire, poétique ou picturale. L'art avait reçu des mains de Dada un coup tel, qu'il ne devait plus

1. André Breton, « Après Dada », recueilli dans les Pas perdus.

s'en relever avant plusieurs années. L'ambition des surréalistes n'est pas de fonder sur ses ruines une nouvelle esthétique. On a remarqué que, finalement, l'art y avait trouvé son compte. Il n'y a pas tout à fait de leur faute. Le surréalisme est envisagé par ses fondateurs non comme une nouvelle école artistique, mais comme un moyen de connaissance, en particulier de continents qui jusqu'ici n'avaient pas été systématiquement explorés : l'inconscient, le merveilleux, le rêve, la folie, les états hallucinatoires, en bref, l'envers du décor logique. Le but reste la réconciliation des deux domaines jusqu'ici ennemis, au sein d'une unité, d'abord de l'homme, puis de celui-ci et du monde. L'accent est marqué, peut-être en réaction contre l'anarchisme destructeur de Dada, sur le caractère systématique, scientifique, expérimental de cette nouvelle démarche. La première œuvre surréaliste : *Les Champs magnétiques* (1921), écrite en collaboration par Breton et Soupault, est présentée comme une expérience, au sens scientifique du terme, nullement comme un nouveau morceau de littérature d'« avant-garde ». Ce procédé de connaissance nouveau méconnaît les armes traditionnelles du travail scientifique, en l'espèce l'appareil logique, pour n'avoir recours qu'aux moyens utilisés de tout temps par les poètes : l'intuition, l'inspiration, concrétisées principalement en images.

Il n'est pas démontré, et les surréalistes ont l'ambition d'en faire la preuve, que ces moyens soient inférieurs aux précédents. Mieux : ils prétendent à la valeur infiniment plus grande des moyens qu'ils emploient [2].

2. « ... Les procédés logiques de nos jours ne s'appliquent plus qu'à la résolution de problèmes secondaires. Le rationalisme absolu qui reste de mode ne permet de considérer que des faits relevant étroitement de notre expérience... Inutile d'ajouter que l'expérience même s'est vu assigner des limites. Elle tourne dans une cage d'où il est de plus en plus difficile de la faire sortir. Elle s'appuie, elle aussi, sur l'utilité immédiate et elle est gardée par le bon sens... Sur la foi de ces découvertes [de Freud], un courant d'opinion se dessine enfin à la faveur duquel l'explorateur humain pourra pousser plus loin ses investigations, autorisé qu'il sera à ne plus seulement tenir compte des réalités sommaires. Mais il importe d'observer qu'aucun moyen n'est désigné a priori pour la conduite de cette entreprise, que jusqu'à nouvel ordre elle peut passer pour être aussi bien du ressort des poètes que des savants et que son succès ne dépend pas

Longtemps après la fondation du mouvement, cette volonté de recherche scientifique dans le domaine décelé par Freud ne les a pas abandonnés. Il est honnête de juger, de ce point de vue, les résultats poétiques et picturaux auxquels ils ont abouti, et non de se référer à des canons d'art et de beauté auxquels ils n'ont pas, d'abord, voulu se soumettre.

On sait comment Breton eut pour la première fois la révélation du domaine étrange que lui et ses amis devaient parcourir des années durant, dans tous les sens :

« C'est en 1919 que mon attention se fixa sur les phrases plus ou moins partielles qui, en pleine solitude, à l'approche du sommeil, deviennent perceptibles pour l'esprit sans qu'il soit possible de leur découvrir (à moins d'analyse assez poussée) une détermination préalable. Un soir, en particulier, avant de m'endormir, je perçus nettement articulée, au point qu'il était impossible d'y changer un mot, mais distraite cependant du bruit de toute voix, une assez bizarre phrase qui me parvenait sans porter trace des événements auxquels, de l'aveu de ma conscience, je me trouvais mêlé à cet instant-là, phrase qui me parut insistante, phrase, oserai-je dire, *qui cognait à la vitre*. J'en pris rapidement notion et me disposais à passer outre quand son caractère organique me retint. En vérité cette phrase m'étonnait ; je ne l'ai malheureusement pas retenue jusqu'à ce jour, c'était quelque chose comme : « Il y a un homme coupé en deux par la fenêtre », mais elle ne pouvait souffrir d'équivoque, accompagnée qu'elle était de la faible représentation visuelle d'un homme marchant et tronçonné à mi-hauteur par une fenêtre perpendiculaire à l'axe du corps. A n'en pas douter, il s'agissait du simple redressement dans l'espace d'un homme qui se tient penché à la fenêtre. Mais cette fenêtre ayant suivi le déplacement de l'homme, je me rendais compte que j'avais affaire à une image d'un type assez rare que le désir me vint d'incorporer à mon matériel de construction poétique. Je ne lui eus pas plus tôt accordé ce crédit que d'ailleurs elle fit place à une succession à peine intermittente de phrases qui ne

des voies plus ou moins capricieuses qui seront suivies... » André Breton, *Le surréalisme et la peinture* (1928).

me surprirent guère moins et me laissèrent sous l'impression d'une gratuité extrême...

« Tout occupé que j'étais encore de Freud à cette époque et familiarisé avec ses méthodes d'examen que j'avais eu quelque peu l'occasion de pratiquer sur des malades pendant la guerre, je résolus d'obtenir de moi ce qu'on cherche à obtenir d'eux, soit un monologue de débit aussi rapide que possible, sur lequel l'esprit critique du sujet ne fasse porter aucun jugement, qui ne s'embarrasse par suite, d'aucune réticence et qui soit aussi exactement que possible la *pensée parlée*. Il m'avait paru, et il me paraît encore — la manière dont m'était parvenue la phrase de l'homme coupé en témoignait — que la vitesse de la pensée n'est pas supérieure à celle de la parole, et qu'elle ne défie pas forcément la langue, ni même la plume qui court. C'est dans ces dispositions que Philippe Soupault, à qui j'avais fait part de ces premières conclusions, et moi nous entreprîmes de noircir du papier, avec un louable mépris de ce qui pourrait s'ensuivre littérairement [3]... »

Suivant l'exemple de Breton et Soupault, tous se livrent alors avec passion aux mêmes expériences. C'est l'époque des premiers textes automatiques, qui commence dès Dada, et dont personne mieux qu'Aragon n'a su montrer la prodigieuse révélation :

« Ce qui les frappe, c'est un pouvoir qu'ils ne se connaissaient pas, une aisance incomparable, une libération de l'esprit, une production d'images sans précédent, et le ton surnaturel de leurs écrits. Ils reconnaissent dans tout ce qui naît d'eux ainsi, sans éprouver qu'ils en soient des responsables, tout l'inégalable des quelques livres, des quelques mots qui les émeuvent encore. Ils aperçoivent soudain une grande unité poétique qui va des prophéties de tous les peuples aux *Illuminations* et aux *Chants de Maldoror*. Entre les lignes, ils lisent les confessions incomplètes de ceux qui ont un jour *tenu le système* : à la lueur de leur découverte, la *Saison en Enfer* perd ses énigmes, la Bible et quelques autres aveux de l'homme, sous leurs loups d'images [4]... »

et nul mieux que lui n'a su rendre non plus cette joie passion-

---

3. André Breton, *Manifeste du surréalisme* (1924).
4. Aragon, Une vague de rêves, *Commerce* (automne 1924).

née qui possédait les chercheurs confrontant leurs trouvailles, ces premières proies arrachées à l'inconnu[5], et su retracer l'étrange effet de l'expérience sur eux : hallucinations, hypnose, envoûtement, arrachement à la vie telle que la mènent les autres hommes[6].

Les premiers résultats auxquels aboutissent ces expérimentateurs forcenés ne sont pas négligeables ; ils connaissent par la pratique journalière de l'écriture automatique :

« l'existence d'une manière mentale que la similitude des hallucinations et des sensations nous forçait à envisager différente de la pensée, dont la pensée ne pouvait être et aussi bien dans ses modalités sensibles qu'un cas particulier... »

Puis, il leur apparut, à la faveur d'une courte initiation spirite de René Crevel, que le sommeil hypnotique était susceptible, avec plus de garanties s'il était possible, de révéler dans sa pureté et son intégrité cet immense continent noir dont ils avaient entr'aperçu les merveilles. C'est alors, à la fin de l'année 1922, qu' :

5. « C'était le temps que, nous réunissant le soir comme des chasseurs, nous faisions notre tableau de la journée, le compte des bêtes que nous avions inventées, des plantes fantastiques, des images abattues... » Aragon, Une vague de rêves, *Commerce* (automne 1924).

6. « D'abord chacun de nous se croyait l'objet d'un trouble particulier, luttait contre ce trouble. Bientôt sa nature se révéla. Tout se passait comme si l'esprit, parvenu à cette charnière de l'inconscient, avait perdu le pouvoir de reconnaître où il versait. En lui subsistaient des images qui prenaient corps, elles devenaient matière de réalité. Elles s'exprimaient suivant ce rapport, dans une force sensible. Elles revêtaient ainsi les caractères d'hallucinations visuelles, auditives, tactiles. Nous éprouvions toute la force des images. Nous avions perdu le pouvoir de les manier. Nous étions devenus leur domaine, leur monture. Dans un lit, au moment de dormir, dans la rue les yeux grands ouverts, avec tout l'appareil de la terreur, nous donnions la main aux fantômes... Cette matière mentale nous l'éprouvions par son pouvoir concret, par son pouvoir de concrétion. Nous la voyions passer d'un état dans un autre, et c'est par ces transmutations qui nous en décelaient l'existence que nous étions également renseignés sur sa nature. Nous voyions par exemple une image écrite qui se présentait premièrement avec le caractère du fortuit, de l'arbitraire, atteindre nos sens, se dépouiller de l'aspect verbal pour revêtir ces réalités phénoménales que nous avions toujours crues impossibles à provoquer, fixes, hors de notre fantaisie. » *Ibid.*

« une épidémie de sommeils s'abattit sur les surréalistes... Ils sont sept ou huit qui ne vivent plus que pour ces instants d'oubli, où, les lumières éteintes, ils parlent sans conscience, comme des noyés en plein air[7]... »

André Breton, dans un numéro de *Littérature*, rédige le procès-verbal d'une de ces séances où René Crevel, Robert Desnos et Benjamin Péret parlent, rédigent, dessinent en véritables automates, animés d'une frénésie prophétique.

Il n'est bientôt plus besoin de précautions préalables. Certains, comme Robert Desnos, s'endorment à volonté :

« Au café, dans le bruit des voix, la pleine lumière, les coudoiements, Robert Desnos n'a qu'à fermer les yeux et il parle, et au milieu des bocks, des soucoupes, tout l'océan s'écroule avec ses fracas prophétiques et ses vapeurs ornées de longues oriflammes. Que ceux qui interrogent ce dormeur formidable l'aiguillent à peine et tout de suite la prédiction, le ton de la magie, celui de la révélation, celui de la révolution, le ton du fanatique et de l'apôtre surgissent. Dans d'autres conditions, Desnos, pour peu qu'il se prenne à ce délire, deviendrait le chef d'une religion, le fondateur d'une ville, le tribun d'un peuple soulevé[8]. »

Mais la facilité prodigieuse qu'à Desnos de s'exprimer, par quelque truchement que ce soit, est déjà connue, et certains se demandent s'il ne simulait pas le sommeil. Question à la vérité sans importance, à laquelle Aragon répond :

« Simuler une chose, est-ce autre chose que la penser ? Et ce qui est pensé est. Vous ne me ferez pas sortir de là. Qu'on m'explique d'ailleurs, par la simulation, le caractère génial des rêves parlés qui se déroulaient devant moi[9]. »

Certes. Ce que l'on admet moins ce sont les explications qu'en proposait Aragon à cette époque, qu'il n'était pas seul à donner, et qui font accuser le surréalisme, au moins dans ses débuts, d'avoir versé dans un idéalisme de mauvais aloi[10].

---

7. Aragon, Une vague de rêves, *Commerce* (automne 1924).
8. Aragon, *ibid.*
9. Aragon, *ibid.*
10. « Le grand choc d'un tel spectacle appelait forcément des explications délirantes : l'au-delà, la métempsychose, le merveilleux. Le prix de telle interprétation était l'incrédulité et le ricanement. Au vrai, elles étaient moins fausses qu'on ne croit... » Aragon, *ibid.*

Quel besoin en effet d'appeler au secours l'au-delà et la
métempsychose ? Il ne servait à rien d'avoir ramené *l'inspiration* sur la terre pour s'évader à nouveau dans le surnaturel, à
propos de phénomènes que la psychanalyse, entre autres disciplines, expliquait dès ce moment-là.

Aux textes automatiques, aux discours parlés en état de
sommeil viennent s'ajouter les récits de rêves : rêves nocturnes,
rêves diurnes, immédiatement exprimés, par Desnos par
exemple, qui n'a nullement besoin de dormir pour rêver, et
« parler ses rêves » à volonté.

Qu'on mesure le chemin parcouru depuis le temps où
l'homme ne savait s'exprimer qu'au moyen d'artifices logiques.
Dès ce moment, le surréalisme peut se vanter d'avoir fait
reculer un certain nombre de frontières.

2. *La fondation du mouvement*

> « Dites-vous bien que la littérature est
> un des plus tristes chemins qui mènent à
> tout. »   André Breton.

> « L'habileté artistique apparaît comme
> une mascarade qui compromet toute la
> dignité humaine. »   Aragon.

Une Vague de Rêves, d'Aragon, publié en 1924, résume
l'activité surréaliste jusqu'à cette date. Elle s'est exprimée au
cours des années 1922-23, notamment dans *Littérature,* qui
reste l'organe du mouvement jusqu'en juin 1924. On y trouve
les noms déjà cités de Picabia, Breton, Aragon, Eluard, Péret,
Jacques Baron, Max Ernst venu d'Allemagne et qui applique
avec succès à ses tableaux la technique du « collage » déjà

utilisée par Picasso, Desnos qui, sous le pseudonyme de Rrose Sélavy pris à Marcel Duchamp, reproduit des phrases parlées en état de sommeil et dont il est parfaitement incapable de donner l'équivalent à l'état de veille. « Jeux de mots d'une rigueur mathématique » et dont « l'élément comique est absent [11] », auxquels Breton attache une extrême importance, en ce qu'ils montrent que les mots vivent de leur vie propre, qu'ils sont des « créateurs d'énergie », et qu'ils peuvent désormais « commander à la pensée [12]. » Sur le plan du langage, les recherches amorcées par Lautréamont, Mallarmé, Apollinaire, continuées par Picabia, Paulhan, Eluard, vont aussi leur train.

De nouvelles forces sont venues grossir les rangs surréalistes : Georges Limbour, André Masson, Joseph Delteil, Antonin Artaud, Mathias Lübeck, J.-A. Boiffard, Jean Carrive, Pierre Picon, Francis Gérard, Pierre Naville, Marcel Noll, Georges Malkine, Maxime Alexandre, etc. Ils sont presque tous jeunes, certains même sont des adolescents, et c'est avec une belle fougue qu'ils se lancent sur la voie tracée par Breton. Celui-ci prend désormais figure de chef de la cohorte, en raison de son apport théorique, en raison aussi de ce magnétisme si particulier qui émane de sa personne, et auquel bien peu de ceux qui l'ont approché ont pu se soustraire. Son visage est massif, noble, majestueux, ordonné autour des yeux, qu'il protège à ce moment de lunettes vertes par désir d'étonner. Il les remplace de temps à autre par un monocle. Son renom est déjà grand.

Malgré sa jeunesse, il n'est pas folâtre : il rit rarement et a le geste sobre. Certains, qui ne l'aiment pas, commencent à le traiter de pape, frappés qu'ils sont de ses airs majestueux. Ce n'est pas le respect qu'il demande, mais le sérieux dans l'amour. Et tous ces hommes l'ont aimé follement : « comme une femme », dira Jacques Prévert. Ceux qui goûtent avec lui des minutes d'amitié inoubliables, et il ne les marchande à personne, sont prêts à tout lui sacrifier : femme, maîtresses,

11. « Dans un temple en stuc de pomme, le pasteur distillait le suc des psaumes. »
12. André Breton, « Les mots sans rides », dans *Littérature*, recueilli dans *les Pas perdus*.

amis, et quelques-uns les lui ont sacrifiés en effet. Ils se sont
entièrement donnés à lui et au mouvement [13].

L'année 1924 voit la fondation officielle du groupe surréaliste. On dit souvent d'un mouvement qu'il est « dans
l'air », et il est vrai qu'il en était ainsi de celui-ci. Non seulement autour de Breton, mais un peu partout ailleurs, on cherchait à se rassembler en vue d'un travail nouveau et efficace.
Le mot était, depuis Apollinaire, trouvé. Une revue dirigée par
Ivan Goll publie son premier numéro. Elle s'appelle *Surréalisme* [14]. En fin de compte, le mouvement s'agrège autour
de Breton, riche d'une expérience unique et seul capable de lui
donner sa charte : le *Manifeste du Surréalisme*. Le groupe a
en outre sa permanence : *le Bureau de recherches surréalistes*,
15, rue de Grenelle, et à partir du 1er décembre son organe :
La Révolution surréaliste. Il se manifeste aussi par des papil-
lons aux textes troublants ou incendiaires, par un pamphlet
d'une extrême virulence contre Anatole France qui meurt cette
année-là, tandis qu'une vie intense, marquée notamment par
une fugue de Paul Eluard, agite tous ses membres.

13. Maurice Martin du Gard écrivait dans *les Nouvelles Littéraires* (11 octobre 1924), à propos de Breton : « ... C'est une des
figures les plus attrayantes de la génération en passe d'atteindre la
trentaine, et d'une classe intellectuelle évidemment supérieure à celle
de Goll et de Dermée, dont les manifestes surréalistes sont moins
discutables que le sien... Il a le port d'un inquisiteur ; que de
tragique lenteur dans les regards et dans les gestes ! Et c'est un
mage. Peut-être bien un peu un mage d'Epinal, avec sur ses fidèles
l'autorité magnétique d'un Oscar Wilde... » Breton ne pardonnera
pas à Martin du Gard ces phrases à double entente.
14. Y collaborent : Marcel Arland, P. Albert-Birot, René Crevel,
Joseph Delteil, Robert Delaunay, Paul Dermée, Jean Painlevé,
Pierre Reverdy. Apollinaire y est également annexé. Elle s'ouvre par
un *Manifeste du surréalisme,* dont nous détachons la définition
suivante : « *la transposition de la réalité dans un plan supérieur
(artistique) constitue le surréalisme.* » Un monde sépare, comme on
voit, ce surréalisme de celui de Breton.

Manifeste du Surréalisme

> « Quand on est sec, conseillait Apolli-
> naire à ses amis, écrire n'importe quoi,
> n'importe quelle phrase et pousser droit
> devant soi. »
> André Billy, *Apollinaire vivant.*

Nous avons déjà suffisamment exposé les idées-mères de Breton pour qu'il soit utile de revenir en détail sur le *Manifeste du Surréalisme*. Marquons-en toutefois les traits essentiels : Procès d'abord du réalisme « hostile à tout essor intellectuel et moral », et dont Breton a horreur, parce qu'il ne le voit fait que de « médiocrité, de haine et de plate suffisance ». Procès, par suite, des productions qu'il engendre, notamment du *roman* devenu forme privilégiée de la littérature, et où chacun ajoute à longueur de pages, au néant des descriptions minutieuses le néant des caractères. Nulle partie ne se joue, ou son enjeu nous est indifférent, évitant de mettre en question l'homme et sa destinée [15]. Est-ce le sort de la littérature de nous offrir une récréation à peine supérieure au jeu de piquet, et peut-on valablement s'intéresser à la vie de fantoches plus ou moins bien réglés ?

Pourquoi le roman est-il devenu cette forme quasi universelle de la littérature ? Parce qu'il répond à l'appétit de logique de ceux qui le lisent, et qui y trouvent, même et surtout quand de pauvres passions y sont engagées, le plaisir d'additionner et

---

15. « Une conséquence plaisante de cet état de choses en littérature, par exemple, est l'abondance des romans. Chacun y va de sa petite « observation »... style d'information pure et simple... caractère circonstanciel, inutilement particulier de chacune de leurs notations... néant de descriptions. J'ai de la continuité de la vie une notion trop instable pour égaler aux meilleures mes minutes de dépression, de faiblesse... Je ne fais pas état des moments nuls de ma vie... de la part de tout homme il peut être indigne de cristalliser ceux qui lui paraissent tels. Simple partie d'échecs dont je me désintéresse fort — l'homme quel qu'il soit m'étant un médiocre adversaire. Ce que je ne puis supporter, ce sont ces piètres discussions, relativement à tel ou tel coup, dès lors qu'il ne s'agit ni de gagner ni de perdre... » André Breton, *Manifeste...*

de soustraire des forces, tout comme en mécanique, et qu'il n'est d'autre part, chez celui qui le fabrique, que la mise en œuvre de facultés logiques. Il faut un cadre situé et minutieusement décrit (ô Balzac !), des personnages avec leur nom et leur âge, soigneusement étiquetés, et dont on peut être sûr que de leurs contacts jamais ne jaillira le miracle.

Est-ce pour un tel usage dérisoire que le langage a été donné à l'homme ? N'est-ce pas plutôt pour en faire un « usage surréaliste » ? Pour donner forme à cette imagination que chacun porte en soi et seule capable de « lever l'interdit » du domaine où sans elle nous ne pouvons pénétrer. « Folle du logis ! » Un logicien a cru par cette épithète qu'il voulait infamante jeter la suspicion sur elle, alors qu'elle est chez beaucoup trop peu « folle », trop raisonnable encore, dix pieds en deçà de la folie, la vraie, celle qu'on enferme, pour que le spectacle de sa liberté ne scandalise et ne contamine la foule des hommes tristement raisonnables [16]. Voyez-vous ceux-ci capables de prendre au sérieux leurs rêves, de s'y abandonner, de croire qu'ils sont vrais ? Quand donc l'homme, avare de la monnaie de sa raison, finira-t-il de négliger le trésor du rêve [17] ? Quand se rendra-t-il compte que ce trésor lui a été donné, et pour toutes ses nuits ? Il pourrait, s'en inspirant au même titre que de ses facultés raisonnantes, mariant deux états qui ne sont contradictoires qu'en apparence, atteindre la réalité absolue, la surréalité [18]. Toison à la conquête de laquelle sont

16. « Réduire l'imagination à l'esclavage, quand bien même il y irait de ce qu'on appelle grossièrement le bonheur, c'est se dérober à tout ce qu'on trouve, au fond de soi, de justice suprême. La seule imagination me rend compte de ce qui *peut être* et c'est assez pour lever un peu le terrible interdit ; assez aussi pour que je m'abandonne à elle sans crainte de me tromper...

« Les confidences de fous, je passerais ma vie à les provoquer. Ce sont gens d'une honnêteté scrupuleuse et dont l'innocence n'a d'égale que la mienne. Il fallut que Colomb partît avec des fous pour découvrir l'Amérique. Et voyez comme cette folie a pris corps et durée... » André Breton, *Manifeste...*

17. « L'homme ce rêveur définitif... » *Ibid.*

18. « Je crois à la résolution future de ces deux états, en apparence si contradictoires que sont le rêve et la réalité en une sorte de réalité absolue, de *surréalité*, si l'on peut ainsi dire. C'est à sa conquête que je vais, certain de n'y pas parvenir, mais trop insoucieux de ma mort pour ne pas supputer un peu les joies d'une telle possession... » *Ibid.*

partis les surréalistes. Ils trouveront, ils ont déjà trouvé sur la route qui y mène *le merveilleux*, reflet, et essence peut-être de ce qu'ils vont découvrir [19].

Seuls ? Non pas. Ces domaines ne sont pas fermés ; ils sont au contraire ouverts à tous. La poésie en indique le chemin. Mais poésie pratiquée suivant une certaine méthode : celle de l'automatisme, celle qu'indique le surréalisme et dont Breton donne la définition :

« Surréalisme. n. m. Automatisme psychique pur par lequel on se propose d'exprimer, soit verbalement, soit par écrit, soit de toute autre manière, le fonctionnement réel de la pensée. Dictée de la pensée, en l'absence de tout contrôle exercé par la raison, en dehors de toute préoccupation esthétique ou morale.

Encycl. Philos. Le surréalisme repose sur la croyance à la réalité supérieure de certaines formes d'associations négligées jusqu'à lui, à la toute-puissance du rêve, au jeu désintéressé de la pensée. Il tend à ruiner définitivement tous les autres mécanismes psychiques et à se substituer à eux dans la résolution des principaux problèmes de la vie... »

La conception d'une voix surréaliste, que certains entendraient à l'exclusion de ceux qui s'y refusent, mène à la négation du talent, littéraire ou autre. Les surréalistes sont les premiers à proclamer qu'ils n'ont pas de talent [20], que le talent n'existe pas. Qu'est-il en effet ? La possibilité donnée ou acquise d'agencer subtilement ou fortement de petites histoires, de découvrir des façons ingénieuses de décrire ce qui existe, d'inventer au mieux des vocables rares. Arrière l'écrivain, arrière le poète, arrière l'homme même ! « Le moi est plus ici qu'ailleurs haïssable » : il obture de sa masse pesante la caverne d'où proviennent toutes les voix, ces voix qui bouleversent. Elles sont là partout autour de nous ; il n'est pas même besoin d'avoir l'oreille fine pour les entendre, il suffit de

19. « Tranchons-en : le merveilleux est toujours beau, n'importe quel merveilleux est beau ; il n'y a même que le merveilleux qui soit beau... » André Breton, *Manifeste...*

20. « Nous n'avons pas de talent... nous qui nous sommes faits dans nos œuvres les sourds réceptacles de tant d'échos, les modestes *appareils enregistreurs* qui ne s'hypnotisent pas sur le dessin qu'ils tracent... » *Ibid.*

les écouter, il suffit d'être docile. Et quelle risible prétention de
s'en prévaloir ! Le poète à l'écoute de son inconscient est-il
pour quelque chose dans la richesse de celui-ci ? Tous sont
poètes dès qu'ils acceptent de se mettre aux ordres, et si le
surréalisme ne signifie pas autre chose que cette « mise aux
ordres », tous peuvent pratiquer cet « art magique » ; la recette
en est d'une dérisoire simplicité ; « le surréalisme est à la
portée de tous les inconscients [21] » :

   « Secrets de l'art magique surréaliste. Composition surréaliste écrite, ou premier et dernier jet : Faites-vous apporter
de quoi écrire, après vous être établi en un lieu aussi favorable
que possible à la concentration de votre esprit sur lui-même.
Placez-vous dans l'état le plus passif, ou réceptif que vous
pourrez. Faites abstraction de votre génie, de vos talents et de
ceux de tous les autres. Dites-vous bien que la littérature est le
plus triste chemin qui mène à tout. Ecrivez vite sans sujet
préconçu, assez vite pour ne pas retenir et ne pas être tenté de
vous relire. La première phrase viendra toute seule... Il est
assez difficile de se prononcer sur le cas de la phrase suivante... Peu doit vous importer d'ailleurs. Continuez autant
qu'il vous plaira. Fiez-vous au caractère inépuisable du mur-
mure. Si le silence menace de s'établir pour peu que vous ayez
commis une faute... à la suite du mot dont l'origine vous
semble suspecte, posez une lettre quelconque, la lettre *l* par
exemple, toujours la lettre   *l* et ramenez l'arbitraire en impo-
sant cette lettre pour initiale au mot qui suivra [22]... »

   Est-ce à dire que tous ceux qui l'appliquent vont devenir du
même coup de grands poètes, que les trouvailles vont se succé-
der à leurs yeux éblouis ? La gamme de richesse des inconscients est infinie, et si cette libération de l'inconscient n'est
autre que l'inspiration, celle-ci n'est pas égale pour un même
individu à tous les moments de sa vie, de sa journée. Elle a ses
maladies, ses fatigues ; elle diffère surtout suivant les individus [23]. En revanche, le moyen est désormais donné à ceux qui

21. Texte d'un papillon surréaliste.
22. André Breton, *Manifeste...*
23. Aragon mettait fort justement les choses au point quelques
années plus tard : « Le surréalisme est l'inspiration reconnue, accep-
tée et pratiquée. Non plus comme une visitation inexplicable, mais
comme une faculté qui s'exerce. Normalement limitée par la fatigue.

possèdent une inspiration vive et riche de la traduire en images fulgurantes, en rapprochements foudroyants, de faire, d'une façon continue et non plus momentanée, acte de poète, d'explorer l'inconnu avec autant de facilité que les facultés raisonnantes permettent à l'homme de se diriger dans la vie pratique.

Ce sera le moyen le plus souvent employé par les surréalistes, non pas toujours et par tous (Eluard, par exemple, a peu pratiqué pour son compte l'écriture automatique), et qui donnera suivant les individus des résultats inégaux, fruits non pas de talents différents, mais de natures diversement riches. Si une part de la production surréaliste est devenue, pourquoi le cacher ? illisible, elle a néanmoins, pour les individus, joué son rôle de révélateur, donné des œuvres qui s'égalent aux plus inspirées de tous les temps. La poésie devient une pratique qui révèle la personnalité dans son intégrité et son authenticité, et permet d'agir sur d'autres au moyen de communications mystérieuses. Le poète est celui « qui inspire », suscite des actes nouveaux, des pensées inconnues, des vies transformées. Il ne travaille plus dans une tour d'ivoire, il sécrète naturellement la poésie dans la vie de tous les jours, à laquelle il est mêlé et à qui il demande constamment des excitations nouvelles.

Artaud et la centrale surréaliste

Il faut voir dans cette conception de la poésie une des raisons principales de la création d'un « Bureau de recherches surréalistes » où sont conviés tous ceux qui ont quelque chose à dire, à confesser, à créer, et qui, pris dans les rets de la vie

---

D'une ampleur variable suivant les forces individuelles. Et dont les résultats sont d'un intérêt inégal... Ainsi le fond d'un texte surréaliste importe au plus haut point, c'est ce qui lui donne un précieux caractère de révélation. Si vous écrivez, suivant une méthode surréaliste, de tristes imbécillités, ce sont de tristes imbécillités. Sans excuses... » Aragon, *Traité du style* (1928).

platement courante, ne savent comment se libérer du poids qui les étouffe. Les expériences qu'ils communiquent agrandissent d'autant le champ surréaliste ; celles dont ils prennent connaissance accroissent le nombre des adhérents et la force du mouvement. La « centrale surréaliste » mérite pleinement ce nom. Elle est le générateur d'énergies nouvelles. Aragon, qui a tracé l'histoire de cette période, la décrit en ces termes :

« Nous avons accroché une femme au plafond d'une chambre vide où il vient chaque jour des hommes inquiets, porteurs de secrets lourds. C'est ainsi que nous avons connu Georges Bessière, comme un coup de poing. Nous travaillons à une tâche pour nous-mêmes énigmatique, devant un tome de Fantômas, fixé au mur par des fourchettes. Les visiteurs, nés sous des climats lointains ou à notre porte, contribuent à l'élaboration de cette formidable machine à tuer ce qui est, pour l'achèvement de ce qui n'est pas. Au 15 de la rue de Grenelle, nous avons ouvert une romanesque Auberge pour les idées inclassables et les révoltes poursuivies. Tout ce qui demeure encore d'espoir dans cet univers désespéré va tourner vers notre dérisoire échoppe ses derniers regards délirants : *Il s'agit d'aboutir à une nouvelle déclaration des droits de l'homme* [24] ».

Des communiqués sont envoyés à la presse. Chaque « papillon » porte l'adresse du « Bureau ». La plus grande agitation fait connaître qu'il existe à Paris, en plein XXᵉ siècle, un laboratoire d'un nouveau genre où tous peuvent contribuer à l'invention d'une vie nouvelle. Un appel aux journaux précise que la « centrale surréaliste » s'alimente à la vie même, qu'elle reçoit tous les porteurs de secrets : inventeurs, fous, révolutionnaires, inadaptés, rêveurs. Leurs confidences formeront la matière première d'une nouvelle alchimie, et la pierre philosophale sera donnée à tous. Georges Bessière, Dédé Sunbeam sont de ceux-là qui, venus à l'appel de la sirène, n'ont pu se déprendre de ses charmes et sont devenus membres agissants du mouvement.

Son organe : *la Révolution surréaliste,* diffère assez d'une revue littéraire ordinaire. Elle est volontairement d'aspect sévère, imite celui d'une revue scientifique. Pierre Naville qui

24. Aragon, *Une vague de Rêves* (loc. cit.).

en est, avec Benjamin Péret, le co-directeur, avait désiré cette ressemblance avec une revue comme *La Nature,* journal scientifique bien connu. Peu de choses susceptibles d'attirer l'œil : quelques dessins, quelques photographies ; aucune recherche typographique, des titres d'articles volontairement incolores, des signatures que rien ne met en relief. Subtil camouflage ! Malgré ce parti pris de ne rien concéder au plaisir des yeux, *la Révolution surréaliste* deviendra quand même « la revue la plus scandaleuse du monde ».

La couverture s'orne de cette déclaration liminaire : « Il faut aboutir à une nouvelle déclaration des droits de l'homme », tandis qu'à son envers il est dit :

« Le surréalisme ne se présente pas comme l'exposition d'une doctrine. Certaines idées qui lui servent actuellement de point d'appui ne permettent en rien de préjuger de son développement ultérieur. Ce premier numéro de *la Révolution surréaliste* n'offre aucune révélation définitive. Les résultats obtenus par l'écriture automatique, le récit de rêves, par exemple, sont représentés, mais aucun résultat d'enquêtes, d'expériences ou de travaux n'y est encore consigné : il faut tout attendre de l'avenir. »

Une *Préface* signée de J.-A. Boiffard, Paul Eluard, Roger Vitrac, fait l'apologie du rêve raconté chaque matin dans les familles [25], et proclame que si « le réalisme c'est émonder les arbres, le surréalisme c'est émonder la vie ».

Immédiatement après, s'ouvre une enquête qui pose une question fondamentale, au fait, « la question » :

« On vit, on meurt. Quelle est la part de la volonté dans tout cela ? Il semble qu'on se tue comme on rêve. Ce n'est pas une question morale que nous posons : *le suicide est-il une solution ?* »

Puis s'ouvrent les vannes de l'inconscient : récits de rêves de Giorgio de Chirico, André Breton, Renée Gauthier ; textes surréalistes, c'est-à-dire automatiques, de Marcel Noll, Robert Desnos, Benjamin Péret, Georges Malkine, J.-A. Boiffard, Max Morise, Louis Aragon, Francis Gérard. Un poème de Paul Eluard :

25. « Parents, racontez vos rêves à vos enfants ! » (Papillon surréaliste.)

> L'hiver sur la prairie apporte des souris
> J'ai rencontré la jeunesse
> Toute nue aux plis de satin bleu
> Elle riait au présent mon bel esclave...

un précieux texte de Pierre Reverdy sur la valeur du rêve, encore et toujours [26], et sur ce qu'on doit attendre du poète [27]. Les Chroniques, sous une photo d'un film de Buster Keaton, contiennent un texte de Louis Aragon où il est dit : « Le concret est le dernier moment de la pensée, et l'état de la pensée concrète est la poésie ». L'humour prend la place à laquelle il a droit dans la poésie, la première, comme l'avaient compris Lautréamont et Jarry : il atteint sans effort la surréalité, il en est même la manifestation tangible et reconnue [28]. Enfin : un texte de Philippe Soupault, une chronique de Max Morise sur les « beaux arts », de Joseph Delteil sur l'amour, qui lui sera vertement reprochée plus tard par Breton, une observation de Francis Gérard sur « l'état d'un surréaliste » en transe d'automatisme.

Ce qui a davantage frappé les lecteurs de ce premier numéro ce sont d'abord : le relevé systématique pour une période donnée de tous les cas de suicides rapportés par les faits-divers des journaux, transcrits sans commentaire ; la photographie de Germaine Berton, qui venait d'assassiner le Camelot du Roy Marius Plateau, entourée de celle de tous les surréalistes ou d'hommes révérés par eux, comme Freud, Chirico, Picasso. On

26. « Je ne pense pas que le rêve soit strictement le contraire de la pensée. Ce que j'en connais m'incline à croire qu'il n'en est somme toute qu'une forme plus libre, plus abandonnée. Le rêve et la pensée sont chacun le côté différent d'une même chose — le revers et l'endroit, le rêve constituant le côté où la trame est plus riche mais plus lâche — la pensée, celui ou la trame est plus sobre mais plus serrée. »

27. « Car il ne s'agit pas de faire vrai, le vrai d'aujourd'hui est le faux de demain. C'est pourquoi les poètes n'ont jamais eu aucun souci de vrai, mais toujours en somme du réel. Maintenant prenez garde, mes mots sont à tout le monde, vous êtes donc tenus de faire des mots ce que personne n'en fait... »

28. « L'humour est une détermination de la poésie, en tant qu'elle établit un rapport surréel dans son complet développement... »

y reconnaît : Aragon, Artaud, les deux frères Baron, Boiffard, Breton, Carrive, le plus jeune surréaliste (16 ans), Crevel, Delteil, Desnos, Eluard, Ernst, Gérard, Limbour, Lübeck, Malkine, Morise, Naville, Noll, Péret, Man Ray, Savinio, Soupault, Vitrac. Quatre lignes de Baudelaire donnent l'explication de ce montage : « La femme est l'être qui projette la plus grande ombre ou la plus grande lumière dans nos rêves. Ch. B. » Cette femme est ici une meurtrière.

Ajoutons que ce premier numéro est imprimé à l'imprimerie alençonnaise (Alençon), spécialisée dans l'édition catholique. Mais peut-être personne n'y a-t-il vu malice.

Ce numéro 1 de *la Révolution surréaliste* tranche par son abondance, sa richesse, sa volonté de recherche et d'expérimentation, son « aura » révolutionnaire, sur les derniers numéros de *Littérature*. Le dernier parfum de dadaïsme s'est évaporé. Il va falloir désormais compter avec « ces jeunes gens ».

Eux, pendant ce temps, s'en donnent à cœur joie. Le 8 février au banquet Polti, Mme Aurel, fort connue à ce moment dans le monde des Lettres, parlait d'abondance, quand sa harangue fleurie fut soudain interrompue par de vigoureux « assez ! » lancés par Breton et Desnos qui ajoutaient : « Voilà vingt-cinq ans qu'elle nous emm... mais on n'ose pas le lui dire. » L'assistance se récria sur le peu de galanterie de ces messieurs. A quoi Desnos répondit : « Ce n'est pas parce qu'on est une femme qu'on doit emm... les gens toute sa vie. » Les journaux s'emparèrent de l'incident et le racontèrent tout au long le lendemain [29]. Bagatelle — qui rappelle toutefois le vigoureux mot de Cambronne ponctuant la récitation d'une poésie de Jean Aicard, et assené par Rimbaud dans une société choisie. Comme quoi ces énergumènes ont eux aussi une tradition [30] !

29. Lettre de Robert Desnos à Mme Aurel : « Madame, Mme Tailhade, que je ne connaissais pas avant le banquet Polti, me communique votre lettre. Je vous prie de noter que : 1° Si mes amis et moi sommes « inconscients » vous en êtes un autre ; 2° Je ne saurais être votre *frère de travail*, tout au plus votre petit-fils ; 3° Vous me faites rigoler. Sentiments choisis. Robert Desnos. »

30. Une coupure de journal parmi d'autres : « Mystification. *Le Journal* avait récemment publié un poème de Jean Moréas à une actrice qui vient de mourir. Or, il fut découvert que ce poème n'était qu'un pastiche. *Les Alguazils* du *Figaro* donnèrent les noms des

D'une autre portée fut le pamphlet dirigé contre Anatole
France et intitulé : *Un Cadavre*. Il s'agissait cette fois, en effet,
d'une gloire reconnue, qui s'éteignait au milieu d'un deuil
national. Pour les gens de droite, il représentait le style français
porté à sa perfection, et le parfum de voltairianisme de *l'Ile
des Pingouins* était par eux moins prisé que l'anodin *Crime de
Sylvestre Bonnard*. Pour les gens de gauche, il avait paradé aux
côtés de Jaurès, il avait failli devenir socialiste. S'attaquer à
l'ex-hôte de la villa Saïd, surtout à l'occasion de sa mort, c'est
faire œuvre pure et simple d'iconoclastie. Les surréalistes,
pour qui il représentait « l'art » dans son vide et sa hideur, le
« pur génie français » dans son style, n'y allèrent pas de main-
morte : « Un vieillard comme les autres » proclamait Eluard,
« personnage comique et si vide » disait Philippe Soupault.
« Ce grand-père a ignoré ou bafoué tous ceux que nous aimons
parmi nos pères ou nos oncles », ajoutait Drieu la Rochelle. Le
Docteur Guillaume, chargé du prélèvement du cerveau (n'a-t-
on pas étudié le cerveau de Gœthe, Lamartine, Gambetta,
Hugo), parlait en long et en large de ce précieux viscère. Ses
paroles sont soigneusement rapportées : « Le plus beau cerveau
qu'on puisse rêver, par l'ampleur, le nombre, la délicatesse des
circonvolutions, la frisure comme nous disons : c'est une pièce
unique... ne pas prélever un pareil cerveau, mais ce serait un
crime contre la science... le cerveau de France correspond en
tout point à son génie, en même temps qu'il l'explique... »
Paroles suffisamment comiques que les surréalistes s'abs-
tiennent de commenter. Quant à Breton, il signait un « Refus
d'inhumer » devenu classique :

« Loti, Barrès, France, marquons tout de même d'un beau
signe blanc l'année qui coucha ces trois sinistres bonshommes :
l'idiot, le traître et le policier... Avec France, c'est un peu de la

_____

auteurs qui sont : Louis Aragon, André Breton, Paul Eluard, Marcel
Noll, Roger Vitrac, Max Morise, etc. Si ces jeunes écrivains s'étaient
mis à beaucoup pour cette plaisanterie, on voit qu'ils l'avaient réus-
sie. Mais *le Chat,* dans *le Journal* du 19 novembre montre les
griffes : il a découvert que ces prétendues stances formaient cet
acrostiche : *un triste sire ;* alors doublement fâché il menace les trop
habiles pasticheurs, et engage l'exécuteur testamentaire de Moréas à
intenter une action judiciaire... »

servilité humaine qui s'en va. Que ce soit fête le jour où l'on enterre la ruse, le traditionalisme, le patriotisme, l'opportunisme, le scepticisme et le manque de cœur ! Songeons que les plus vils comédiens de ce temps ont eu Anatole France pour compère et ne lui pardonnons jamais d'avoir paré les couleurs de la Révolution de son inertie souriante. Pour y enfermer son cadavre qu'on vide si l'on veut une boîte des quais de ces vieux livres « qu'il aimait tant » et qu'on jette le tout à la Seine. Il ne faut plus que mort cet homme fasse de la poussière. »

Les fleurs et couronnes d'Aragon sont encore plus choisies, s'il est possible : « Avez-vous déjà giflé un mort ? » demande-t-il.

« En France, à ce qu'on dit, tout finit en chansons. Que donc celui qui vient de crever au cœur de la béatitude générale s'en aille à son tour en fumée ! Il reste peu de chose d'un homme : il est encore révoltant d'imaginer de celui-ci que de toute façon *il a été*. Certains jours, j'ai rêvé d'une gomme à effacer l'immondice humaine. »

Le scandale fut éclatant. On se permettait maintenant d'insulter les morts ! Rimbaud se contentait de ne pas les saluer. Et les surréalistes espéraient bien ne pas s'en tenir là, qui annonçaient : « A la prochaine occasion, il y aura un nouveau « cadavre ».

En somme, l'année 1924, si elle voit la fondation officielle du mouvement, ne fait qu'indiquer la voie dans laquelle il va se diriger. Nous avons remarqué avec quel soin les surréalistes se gardent de donner un dessein net à leur activité. Certes, celle-ci n'est pas équivoque : ce sont des révoltés, qui veulent changer non seulement les conditions traditionnelles de la poésie, mais aussi et surtout de la vie. Ils n'ont pas de doctrine, mais certaines valeurs qu'ils brandissent comme des drapeaux : toute-puissance de l'inconscient et de ses manifestations : le rêve, l'écriture automatique, et partant, destruction de la logique et de tout ce qui s'appuie sur elle. Destruction aussi de la religion, de la morale, de la famille, camisoles de force qui empêchent l'homme de vivre suivant son désir. Leur illusion est grande de croire que leurs ennemis vont s'écrouler au seul son de leurs paroles ou à la lecture de leurs écrits. Ils croient encore, suivant le mot de Breton, à la « toute-puissance de la pensée ». Leur idéalisme est pur, mais inopérant ; ils s'en

dépouilleront peu à peu au milieu de crises intérieures graves,
de questions de confiance sans cesse posées. C'est le parti pris
d'expérimentateurs et de savants d'un nouveau genre qui leur
permettra cette évolution. N'oublions toutefois pas que cette
révolution qu'ils prônent, ils entendent la faire d'abord dans
leur existence. Le surréalisme ne s'écrit pas, ne se peint pas, il
se vit, et ils sont autant d'apôtres d'une nouvelle religion qui
se célèbre dans les cafés : le « Certâ », « le Grillon » du Passage de l'Opéra, le « Cyrano », sur les tables desquels, dans la
fumée des cigarettes, le bruit des soucoupes et les éclats de rire,
l'enivrement léger procuré par le mandarin-curaçao, Aragon
aligne comme autant de bonnes plaisanteries les images fulgurantes du *Paysan de Paris*. Ce n'est certes pas là de la littérature, on ne lui eût pas permis d'en faire. Le travail artistique et
le travail tout court sont en effet vilipendés, honnis, il s'agit de
consumer la vie telle qu'elle vous a été donnée et non de la
gagner [31]. Et vivre, c'est regarder, écouter, humer l'atmosphère
de ces lieux inspirés du Paris de l'après-guerre : le Passage de
l'Opéra, le boulevard Bonne-Nouvelle, la porte Saint-Denis, les
Buttes-Chaumont. On se presse au cinéma *Parisiana* pour contempler « l'Etreinte de la Pieuvre », on déguste les pièces
idiotes du *Théâtre moderne* ou de la porte Saint-Martin. Les
spectacles les plus dérisoires sont les plus prisés car ils mettent
en scène les sentiments et les émotions populaires qui n'ont pas
encore été gâtés par la culture. On hante les bordels, à la
recherche de la nature toute crue des prostituées. On recherche
pour elle-même la crétinisation. Le moyen en est simple : il
suffit de prendre un billet le dimanche, à une gare de départ
pour la banlieue, et de tourner indéfiniment pendant des
heures et des heures sur toutes les voies d'un paysage de
désolation, en un voyage dont on n'attend plus la fin. Un jour,
sans crier gare, Eluard disparaît du groupe ; les naïfs crient à
sa disparition et à la naissance d'un nouveau Rimbaud ; on
relit ses poèmes dans cette nouvelle optique, sa présence est
signalée par les journaux aux Nouvelles-Hébrides ; puis le voici

---

31. Pour les membres du groupe, défense de travailler ! Aragon,
Breton, Boiffard, Gérard abandonnent leurs études de médecine,
d'autres la Sorbonne, tous, ce qui leur permettrait d'avoir une
« situation » dans la vie.

revenu [32] : il n'avait fait qu'agrandir le voyage crétinisant aux limites de la terre.

Le Passage de l'Opéra faisant place à un nouveau tronçon du boulevard Haussmann, on transfère ailleurs le lieu des réunions quotidiennes. C'est un café de la place Blanche : le « Cyrano », à proximité de la rue Fontaine où Breton a élu domicile, qui accueille les surréalistes, en plein dans ce Montmartre des boulevards interlopes où grouille la faune des filles et de leurs souteneurs, la foule de ceux qui prétendent s'amuser. Les rencontres y sont bouleversantes : gens de cirques (on est à deux pas de Médrano) accompagnés de femmes trapézistes aux yeux d' « ailleurs », Américains aux bouches aurifiées dont on se détourne comme de la peste, humains petits, si petits, et si chargés de mystères. On pousse jusqu'au faubourg Montmartre sur les trottoirs desquels croisent les Nadja à la poursuite de leurs secrets. Le dimanche, on s'évade jusqu'au marché aux puces de Clignancourt, de Saint-Ouen, où l'émerveillement jaillit de chaque éventaire, de chaque objet-épave, de chaque pavé.

Il s'agit de retrouver sous la carapace de siècles de culture, la vie pure, nue, crue, déchirée. Il s'agit de mettre à l'unisson l'inconscient d'une ville avec l'inconscient des hommes.

« Distractions de gens cultivés, trop cultivés » a-t-on remarqué. « Distractions » peut-être, mais dans le sens pascalien d'arrachement à une société mal faite ; « gens cultivés » peut-être, en ce sens que quelques-uns parmi eux ont fait leurs « humanités », mais qui ont trop souffert des « bienfaits » de la culture pour ne pas vouloir retrouver leurs yeux d'enfants. Il s'agit de tenter à nouveau la grande expérience : celle de la vie, de la tenter cette fois non plus chacun pour soi, mais en groupe, collectivement.

Ils s'aperçurent chemin faisant que vouloir changer sa vie, sa propre, son individuelle vie, c'est ébranler les assises mêmes du monde. La vision d'un tel but n'est pas pour les effrayer, au contraire.

32. Voir Louis Parrot, *Paul Eluard* (Seghers).

3. Premières armes

« Toute l'écriture est de la cochon-
nerie. »   Antonin Artaud.

Le numéro 2 de *la Révolution surréaliste,* qui inaugure
l'année 1925, ne diffère pas sensiblement du précédent. Peut-
être y trouve-t-on malgré tout une volonté de donner au
mouvement une couleur sociale par la publication du Manifeste : « Ouvrez les prisons, licenciez l'armée [33], » qui se termine par cet appel aux sentiments généreux : « Dans les gué-
rites, sur les fauteuils électriques, des agonisants attendent : les
laisserez-vous passer par les armes ? »

Souci nouveau : les surréalistes en appellent à des sentiments
de pitié dont ils faisaient jusqu'à ce moment bon marché. Nous
restons toutefois sur le plan des idées : on attaque « l'idée de
prison, l'idée de caserne », et rien ne le montre mieux que
la polémique qui met aux prises Aragon et le directeur de la
revue communisante *Clarté :* Jean Bernier.

Aragon avait écrit, dans le « Cadavre », à propos d'Anatole
France : « Il me plaît que le littérateur que saluent à la fois
aujourd'hui le tapir Maurras et *Moscou la gâteuse...* ait
écrit... » Ce membre de phrase est vivement relevé par Bernier,
à qui Aragon répond en ces termes :

« Il vous a plu de relever comme une incartade une phrase
qui témoigne du peu de goût que j'ai du gouvernement bolche-

---

33. « Les contraintes sociales ont fait leur temps. Rien, ni la
reconnaissance d'une faute accomplie, ni la contribution à la défense
nationale, ne sauraient forcer l'homme à se passer de la liberté.
L'idée de prison, l'idée de caserne sont aujourd'hui monnaie courante ; ces monstruosités ne vous étonnent plus. L'indignité réside
dans la quiétude de ceux qui ont tourné la difficulté par diverses
abdications morales et physiques (honnêteté, maladie, patriotisme). »

vique, et avec lui de tout le communisme... Si vous me trouvez fermé à l'esprit politique et mieux, violemment hostile à cette déshonorante attitude pragmatique qui me permet d'accuser au moins de modérantisme idéal ceux qui à la fin s'y résignent, c'est, vous n'en pouvez douter, que j'ai toujours placé, que je place l'esprit de révolte bien au-delà de toute politique... La révolution russe ? vous ne m'empêcherez pas de hausser les épaules. A l'échelle des idées, c'est au plus une vague crise ministérielle. Il siérait vraiment que vous traitiez avec un peu moins de désinvolture ceux qui ont sacrifié leur existence aux choses de l'esprit.

« Je tiens à répéter dans *Clarté* même, que les problèmes posés par l'existence humaine ne relèvent pas de la misérable petite activité révolutionnaire qui s'est produite à notre Orient au cours de ces dernières années. J'ajoute que c'est par un véritable abus de langage qu'elle peut être qualifiée de révolutionnaire... »

On le voit : la Révolution est dans les *idées*. La conception que s'en font les surréalistes leur permet de mépriser tout pragmatisme, toute activité concrète matérielle. Plus encore : ils trouvent cette activité *déshonorante*. Il faut prendre acte de cette position, qui n'est pas seulement celle d'Aragon, si l'on veut comprendre l'évolution ultérieure.

Breton n'est pas sans s'apercevoir des faiblesses d'une telle position, des reproches qu'elle peut encourir. Il croit y remédier en préconisant *la Grève*, à l'exemple des salariés, de tous ceux qui manient plume ou pinceau. Dans « Le bouquet sans fleurs », s'il se défend de ne pas agir de façon plus conforme à ses idées, il nie vouloir se réfugier, comme ses prédécesseurs, dans la pratique de l'art qui excuse tout [34]. Il affirme que son souci n'est pas de créer une nouvelle école d'avant-garde à la

---

34. « On m'a beaucoup reproché dernièrement... de ne pas agir de façon plus conforme à mes idées. Comme si, répondant au premier appel de celles-ci, obéissant à l'impulsion la plus fréquente et la plus forte que je subisse, il ne me restait qu'à descendre dans la rue revolvers aux poings et... l'on voit ce qu'il adviendrait... Quelle action indirecte me satisferait ? Dès lors que je cherche, voici, paraît-il, que je rentre dans l'art, c'est-à-dire dans je ne sais quel ordre social où l'impunité m'est assurée mais où, jusqu'à un certain point, je cesse de tirer à conséquence... »

recherche de la « nouveauté » pour elle-même ; le spectacle de
celles qui ont précédé le surréalisme, pauvres tentatives à la
recherche d'une nouveauté fanée sitôt qu'éclose, suffirait à l'en
dissuader [35].

Il ne s'agit donc pas de recommencer Dada. Il faut se livrer
à une *expérience valable*. Les fondateurs du surréalisme ne se
font pas faute de le répéter.

L'enquête qu'ils avaient entreprise au sujet du suicide devait
notamment faire le point sur cette question : « Le suicide est-il
une solution ? » Les réponses les plus diverses, même de la part
des surréalistes, s'alignent au long de plusieurs pages, depuis
celle du Docteur Maurice de Fleury, « ce sinistre imbécile »,
jusqu'à celles de Francis Jammes et Fernand Gregh en passant
par Clément Vautel. Pierre Reverdy lui-même donne une
réponse qui ne satisfait pas les enquêteurs, obligés qu'ils sont
de faire appel aux morts : Jacques Vaché, Rabbe, Benjamin
Constant. Retenons toutefois la réponse de René Crevel, émou-
vante en ce qu'il ne devait pas s'y borner :

« On se suicide, dit-on, par amour, par peur, par vérole ? Ce
n'est pas vrai. Tout le monde aime, ou croit aimer ; tout le
monde a peur, tout le monde est plus ou moins syphilitique. Le
suicide est un moyen de sélection. Se suicident ceux-là qui
n'ont point la quasi universelle lâcheté de lutter contre certaine
sensation d'âme si intense qu'il la faut bien prendre, jusqu'à
nouvel ordre, pour une sensation de vérité. Seule cette sensation permet d'accepter la plus vraisemblablement juste et définitive des solutions : *le suicide*. »

Et n'est-ce pas une préfiguration de sa destinée que les
lignes qu'il écrivait encore dans *Détours,* que venait de publier
Gallimard ?

___

35. « J'ai pu, ces dernières années, constater les méfaits d'un
certain nihilisme intellectuel dont la malice était à tout propos de
poser la question de confiance la plus générale et la plus vaine.
Dans le désarroi moral qui s'ensuivait, seuls trouvaient grâce
quelques modes d'activité superficielle et de pauvres paradoxes.
C'est ainsi que la nouveauté au sens le plus fantaisiste du mot,
passait en toutes matières pour un critérium suffisant. Hors d'elle, il
n'était point de salut : elle justifiait avec insistance des tentatives
dérisoires en peinture, en poésie. D'expérience valable aux confins
de la vie et de l'art, de preuve par l'amour, de sacrifice personnel,
pas trace. Il s'agissait à tout prix d'y remédier... »

« Une tisane sur le fourneau à gaz ; la fenêtre bien close, j'ouvre le robinet d'arrivée, j'oublie de mettre l'allumette. Réputation sauve et le temps de dire son *confiteor*... »

Quand, au petit matin d'une journée de 1935, on trouva son cadavre près d'un fourneau à gaz fusant, on s'aperçut que ces lignes se tenaient assez loin de la littérature, à cette différence près qu'il n'avait eu nul souci de sauver sa réputation ni de « dire son *confiteor* ».

Les placards de la revue annonçaient, avec *Détours*, d'autres œuvres surréalistes : *les Reines de la Main Gauche*, de Pierre Naville, texte volontairement et rigoureusement automatique, *l'Ombilic des Limbes* d'Antonin Artaud, *Deuil pour Deuil* de Robert Desnos, *Simulacre* de Michel Leiris et André Masson, *152 Proverbes mis au goût du jour* de Paul Eluard et Benjamin Péret, *Soleil bas* de Georges Limbour, *Il était une Boulangère* de Benjamin Péret, *Mourir de ne pas Mourir* de Paul Eluard, *les Mystère de l'Amour* de Roger Vitrac, *le Libertinage* d'Aragon, premiers fruits savoureux de l'automatisme, toutes œuvres qui, avec le recul du temps, apparaissent marquantes dans la production individuelle des surréalistes.

Cependant, la vie surréaliste se développe en grande partie en dehors d'une revue qui paraît assez irrégulièrement. Celle-ci n'est utile à consulter pour l'histoire du groupe que par les concrétisations, les prises de position, les mises au point, qu'elle publie. Plus intéressante pour notre propos est cette *Déclaration du 27 janvier 1925*, imprimée en tract et qui, à notre connaissance, n'a jamais été reproduite. On y lit :

« 1° Nous n'avons rien à voir avec la littérature. Mais nous sommes très capables, au besoin, de nous en servir comme tout le monde.

» 2° Le surréalisme n'est pas un moyen d'expression nouveau ou plus facile, ni même une métaphysique de la poésie. Il est un moyen de libération totale de l'esprit et de tout ce qui lui ressemble.

» 3° Nous sommes bien décidés à faire une Révolution.

» 4° Nous avons accolé le mot de surréalisme au mot de Révolution uniquement pour montrer le caractère désintéressé, détaché et même tout à fait désespéré de cette révolution.

» 5° Nous ne prétendons rien changer aux erreurs des

hommes mais nous pensons bien leur démontrer la fragilité de leurs pensées, et sur quelles assises mouvantes, sur quelles caves, ils ont fixé leurs tremblantes maisons.

» 6° Nous lançons à la société cet avertissement solennel. Qu'elle fasse attention à ses écarts, à chacun des faux pas de son esprit, nous ne la raterons pas...

» 7° Nous sommes des spécialistes de la Révolte. Il n'est pas un moyen d'action que nous ne soyons capables au besoin d'employer...

» Le surréalisme n'est pas une forme poétique.

» Il est un cri de l'esprit qui retourne vers lui-même et est bien décidé à broyer désespérément ses entraves.

» Et au besoin par des marteaux matériels [36]. »

Cette déclaration a-t-elle besoin d'un commentaire ? Et n'y voyons-nous pas déjà, avec l'annonce des « marteaux matériels », le souci de ne pas s'en tenir au plan de l'écriture ?

Un autre document, intérieur celui-là, révèle mieux encore la véritable nature du mouvement surréaliste. Il ne s'agit pas d'une association de littérateurs se tenant les coudes pour mieux arriver, pas même d'une école, avec quelques idées théoriques communes, mais d'une « organisation » collective, d'une secte d'initiés, d'un « bund », soumis à des impératifs collectifs et dont les membres sont liés par une discipline commune. On y entre en connaissance de cause, on en sort ou on en est exclu pour des raisons précises, et on y fait un travail d'équipe. Les œuvres individuelles sont contrôlées par le groupe entier et ne voient le jour que si elles apportent quelque chose de nouveau au mouvement. *Défense de l'Infini,* roman en trois volumes que devait écrire Aragon et dont il avait déjà signé le contrat, ne sera pas publié ; le groupe s'y oppose, subodorant la tentation littéraire.

Il ne s'agit donc pas d'écrire, mais de faire une révolution, c'est-à-dire d'opérer un changement aussi complet que possible :

« L'adhésion à un mouvement révolutionnaire quel qu'il soit, suppose une foi dans les possibilités qu'il peut avoir de devenir une réalité.

« La réalité immédiate de la révolution surréaliste n'est pas

36. Communiqué par Raymond Queneau.

tellement de changer quoi que ce soit à l'ordre physique et apparent des choses que de créer un mouvement dans les esprits. L'idée d'une révolution surréaliste quelconque vise à la substance profonde et à l'ordre de la pensée... Elle vise à créer avant tout un mysticisme d'un nouveau genre...

« Tout véritable adepte de la révolution surréaliste est tenu de penser que le mouvement surréaliste n'est pas un mouvement dans l'abstrait, et spécialement dans un certain abstrait poétique, au plus haut point haïssable, mais est réellement capable de changer quelque chose dans les esprits [37]. »

Les termes sont nets : « Création d'un mysticisme d'un nouveau genre. » Breton, résumant plus tard l'activité surréaliste, en verra l'ambition fondamentale dans la « création d'un mythe collectif ». Dès ce moment, nous percevons la volonté arrêtée d'aller au concret, vers une certaine forme de concret.

A l'intérieur du groupe, d'ailleurs, les discussions vont bon train ; des fractions se réunissent et posent même la question : surréalisme équivaut-il à révolution ? ou sont-ce deux choses différentes ? et laquelle appartient-il de choisir ? S'ils ne peuvent se résoudre au choix, ils déterminent toutefois un dénominateur commun : « un certain état de fureur », à qui il n'est pas donné de point d'application, mais qui est bien le chemin indispensable pour parvenir à la révolution. Peut-être les signataires d'une résolution [38] qui résume une de ces discus-

---

37. Communiqué par Raymond Queneau.

38. « Les membres soussignés de *la Révolution surréaliste* réunis, le 2 avril 1925, dans le but de déterminer lequel des deux principes surréaliste ou révolutionnaire était le plus susceptible de diriger leur action, sans arriver à une entente sur le sujet, se sont mis d'accord sur les points suivants :

1° Qu'avant toute préoccupation surréaliste ou révolutionnaire, ce qui domine dans leur esprit est un certain état de fureur ;

2° Ils pensent que c'est sur le chemin de cette fureur qu'ils sont le plus susceptibles d'atteindre ce qu'on pourrait appeler l'illumination surréaliste... ;

3° Ils discernent pour l'instant un seul point positif auquel ils pensent que tous les autres membres de *la Révolution surréaliste* devraient se rallier : à savoir que l'esprit est un principe essentiellement irréductible et qui ne peut trouver à se fixer ni dans la vie, ni au-delà. Antonin Artaud, J.-A. Boiffard, Michel Leiris, André Masson, Pierre Naville. » Communiqué par Raymond Queneau.

sions ne sont-ils plus d'accord avec le reste du groupe sur ce
« mysticisme d'un nouveau genre » qu'on croit soudain avoir
trouvé dans l'Orient mystérieux, l'Orient du Bouddha et du
Dalaï-Lama, propre à confondre, certes, les valeurs logiques
de l'Occident, mais bien incapable par sa nature même d'effectuer ce raz de marée que désirent les surréalistes : on le voit
tout au plus susceptible de gagner quelques âmes individuelles
par une lente pénétration.

Un hosannah en l'honneur de l'Orient et de ses valeurs fait
pourtant le contenu presque entier du numéro 3 de *la Révolution surréaliste*. Un éditorial intitulé : « A table », non signé,
mais qu'il faut attribuer à Antonin Artaud, marque bien que la
logique doit encore faire les frais de ce nouvel amour [39]. Et
dans une « lettre aux Recteurs des universités européennes »
on semble s'en prendre aux racines du mal, à la funeste éducation occidentale tout juste capable de fabriquer des « sépul-
chres blanchis » : faux ingénieurs, faux savants, faux philosophes, aveugles aux vrais mystères de la vie, du corps et de
l'esprit, parce que momifiés dans les bandelettes de la logique.
Le remède se trouve dans l'Asie, « citadelle de tous les espoirs [40] pour laquelle un amour s'exprime en déclarations
enflammées :

« Nous sommes tes très fidèles serviteurs ô grand Lama,
donne-nous, adresse-nous tes lumières, dans un langage que
nos esprits contaminés d'Européens puissent comprendre et au
besoin change notre esprit, fais-nous un esprit tout tourné vers
ces cimes parfaites où l'esprit de l'Homme ne souffre
plus [41]...

« L'Europe logique écrase l'esprit sans fin entre les marteaux de deux termes, elle ouvre et referme l'esprit. Mais
maintenant l'étranglement est à son comble, il y a trop longtemps que nous pâtissons sous le harnais. L'Esprit est plus
grand que l'esprit, les métamorphoses de la vie sont multiples.

39. « Nous sommes du dedans de l'esprit, de l'intérieur de la tête.
Idées, logique, ordre, Vérité (avec un grand V), Raison, nous don-
nons tout au néant de la mort. Gare à vos logiques, Messieurs, gare
à vos logiques, vous ne savez pas jusqu'où notre haine de la logique
peut nous mener... »
40. Robert Desnos.
41. Adresse au Dalaï-Lama.

Comme vous, nous repoussons le progrès : venez, jetez bas nos maisons [42]. »

Robert Desnos appelle au secours les barbares asiatiques capables de marcher sur les traces des « archanges d'Attila » [43]. Et les morts eux-mêmes, ceux qui ont cru à la toute-sagesse de l'Asie, comme Th. Lessing, sont enrôlés pour cette croisade [44].

On voit pourquoi cette Asie idéale devait plaire aux surréalistes. Les sages de l'Orient n'avaient-ils pas déjà répondu aux questions que les surréalistes se posaient ? Au prix d'une destruction radicale ou d'un oubli parfait — mais peut-on oublier ce qu'on n'a jamais connu ? — de la logique, de la connaissance mécaniste, des compartimentages de la science, tout ce qui finalement donna la suprématie à l'Occident, ces hommes semblaient vivre dans une communion perpétuelle avec l'essence des choses, avec l'esprit du grand Tout, sinon dans un parfait bonheur — idéal vulgaire — du moins dans une liberté totale. Point de contradictions déchirantes comme en ces hommes d'Occident, point de luttes épuisantes à soutenir contre un monde mal fait. Il semblait qu'ils eussent découvert d'un coup le Secret que les meilleurs des hommes d'Occident s'acharnaient péniblement à dépister.

L'Orient n'est pas seulement la patrie des Sages, c'est aussi pour les surréalistes le réservoir des forces sauvages, la patrie éternelle des « barbares », des grands destructeurs, ennemis de la culture, de l'art, des petites manifestations ridicules des Occidentaux. Révolutionnaires perpétuels, armés de la torche flamboyante et incendiaire, ils ont semé sous le pas des che-

42. Lettre aux Ecoles du Bouddha.
43. « Description d'une révolte prochaine. »
44. « Nous voulons connaître la réalisation, le fait accompli, les causes réelles des choses et, par là même, nous perdons de vue leur vie, toutes nos sciences dissolvent le monde en un néant de réalisations.

« La sagesse de l'Asie est invinciblement pessimiste. Dans ses milliers d'ouvrages, elle a approfondi les connexions inséparables de la maturité spirituelle avec la souffrance. Elle pénètre la dépendance réciproque de la connaissance et de la douleur et sait que la conscience est fonction inaltérable de la détresse... » Th. Lessing.

vaux d'Attila la ruine et la mort, en vue d'une renaissance. Et la révolution russe elle-même, mystérieuse parce qu'asiatique, cesse d'apparaître aux yeux de Breton et de ses amis comme « une vague crise ministérielle ». Ils y fondront finalement tous leurs désirs ardents, mais vagues, de révolution universelle portée par un Orient négateur et régénérateur.

Toutefois, et nous avons déjà eu l'occasion de nous en apercevoir, le surréalisme n'a jamais été un bloc. Formé d'individualités issues de milieux très divers, il ne devait pas connaître de lutte intérieure sérieuse tant qu'on ne dépassait pas les aspirations vagues et les idéaux imprécis. Révolution, anti-culture, lutte contre la raison et la société au nom d'un individualisme du désir, primauté de l'inconscient, ralliaient tous les suffrages. Mais un mouvement c'est une idée en marche, et si l'on sait vaguement le but à atteindre, les chemins qui y mènent peuvent être divergents, arriver même à se tourner le dos. Si l'accord se fait sur la nécessité de la destruction « aussi radicale que possible », il n'existe plus, non seulement sur ce qu'il faudra reconstruire, mais même sur les moyens de cette destruction. La littérature, l'art ont toujours été le refuge des révoltés, impuissants trop souvent à se libérer ailleurs que dans les mots et les couleurs. Or il semblait bien, et c'est inévitable, que toutes ces individualités ne rendaient pas le même son de cristal. Il semblait surtout que l'on glissât insensiblement sur la pente de l'art « qui excuse tout », à tout le moins à *l'expression* artistique ou non, piètre aboutissement de cette « fureur » dont voulaient brûler les surréalistes. Va-t-on, à côté de la littérature logique, édifier une littérature du rêve, des textes automatiques, une poésie ou une peinture « surréalistes » ? La question posée à ce moment-là aurait reçu le plus méprisant des démentis. Mais la pensée qu'ont les hommes d'eux-mêmes est une chose, et ce qu'ils font, autre chose. Une contradiction dans la racine commençait à se faire jour, qu'apercevaient les plus clairvoyants. Elle devait apparaître en plein du fait des hommes et des événements. Nous avons assisté déjà à des réunions de fractions où l'on se demandait « lequel des deux principes surréaliste ou révolutionnaire était le plus susceptible de diriger leur action ». Et symptomatique est le cri d'alarme poussé par Pierre Naville à un détour de page de ce numéro 3 de *la Révolution surréaliste*[45].

« Je ne connais du goût que le dégoût. Maîtres, maîtres-chanteurs, barbouillez vos toiles. Plus personne n'ignore qu'il n'y a pas de *peintre surréaliste* ; ni les traits du crayon livré au hasard des gestes, ni l'image retraçant les figures de rêve ni les fantaisies imaginatives, c'est bien entendu, ne peuvent être ainsi qualifiées.

» Mais il y a des *spectacles*.

» La mémoire et le plaisir des yeux : voilà toute l'esthétique. »

Ce point de vue radical n'est pas accepté par le groupe. Les poètes, et surtout les peintres, s'insurgent. Leur activité, commencée comme expérience, avait fini par donner des résultats tangibles qui, n'étant point dédaignés par les « amateurs », ne pouvaient être tout à fait récusés. Eluard, Aragon, prenaient figure de poètes ; Max Ernst, Masson étaient sollicités par les marchands de tableaux. Fallait-il tout planter là, sous prétexte de « recherche de l'absolu » ? Dada allait-il perpétuellement recommencer ? Breton ne le permit pas. Lui aussi prétendait aboutir.

D'abord, il prend en main la barre de l'esquif. Dans l'article inaugural du numéro 4 de *la Révolution surréaliste* « Pourquoi je prends la direction de *la Révolution surréaliste* », il marque en premier lieu la volonté qui a animé les fondateurs du mouvement :

« D'un commun accord, nous avons résolu une fois pour toutes d'en finir avec l'ancien régime de l'esprit... »
et les résultats acquis, après six mois de lutte :

« Autour de nous, nous avons vu le surréalisme bénéficier d'un assez large crédit tant à l'étranger qu'en France. On veut bien attendre quelque chose de nous. Si les mots de « Révolution surréaliste » laissent le plus grand nombre sceptique, du moins ne nous dénie-t-on pas une certaine ardeur et le sens de quelques possibles ravages. A nous de ne pas mésuser d'un tel pouvoir... »

Toutefois, que convient-il de faire maintenant ? Si le mouve-

45. P. Naville abandonne en même temps la co-direction de la revue pour se rendre aux armées.

ment n'a jamais cherché une unité factice, les hommes s'étant
accordés sur certaines valeurs générales, il n'en est pas moins
arrivé au point où des contradictions assez violentes se font
jour, et Breton, en excellent tacticien, veut abattre la droite
(les littérateurs) et la gauche (les agitateurs [46]), en même
temps qu'il essaie de préciser le « bien-fondé originel » de la
cause surréaliste [47], d'une orthodoxie assez large, mais fondée

« ... la conviction qu'ici nous partageons tous, à savoir que
nous vivons en plein cœur de la société moderne sur un
compromis si grave qu'il justifie de notre part toutes les
outrances... Qui parle de disposer de nous, de nous faire
contribuer à l'abominable confort terrestre ? Nous voulons,
nous aurons l'au-delà de nos jours. Il suffit pour cela que nous
n'écoutions que notre impatience et que nous demeurions sans
aucune réticence aux ordres du merveilleux... »

Il n'en reste pas moins que, Naville momentanément écarté,
l'expérience fait place aux réalisations. Si jusqu'à ce moment *la
Révolution surréaliste* s'était bornée à publier quelques dessins
de Masson qui pouvaient passer pour automatiques, quelques
reproductions de Picasso et de Chirico qui servaient surtout de
témoins et de garants antérieurs et extérieurs au mouvement,
voici maintenant un déluge de reproductions et, surtout, une
véritable rétrospective des œuvres de Picasso, (à qui d'ailleurs
Breton a la sagesse de ne pas accoler l'étiquette « surréaliste [48] »). Elles veulent prouver qu'il existe une « pein-

---

46. « Dût l'ampleur du mouvement surréaliste en souffrir, il me
paraît de rigueur de n'ouvrir les colonnes de cette revue qu'à des
hommes qui ne soient pas à la recherche d'un alibi littéraire. Sans y
mettre aucun ostracisme, je tiens en outre à éviter par-dessus tout la
répétition de menus actes de sabotage comme il s'en est déjà produit dans le sein de notre organisation... »

47. « Le surréalisme est-il une force d'opposition absolue ou un
ensemble de propositions purement théoriques, ou un système repo-
sant sur la confusion de tous les plans, ou la première pierre d'un
nouvel édifice social ? Selon la réponse que lui paraît appeler semblable question, chacun s'efforcera de faire rendre au surréalisme
tout ce qu'il peut : la contradiction n'est pas pour nous
effrayer... »

48. Elles datent d'ailleurs de 1908, comme *les Demoiselles d'Avignon* ; de 1913 : *Etudiant ;* de 1920 : *Ecolière ;* et si même les *Jeunes
filles dansant devant une fenêtre* ou *Arlequin* sont de 1924-25, elles
appartiennent plus à Picasso qu'au surréalisme.

ture surréaliste [49] ». Ce n'est pas assez : Breton entreprend une histoire de la peinture moderne, dont il veut marquer les rapports avec le mouvement. Cette étude se poursuivra pendant plusieurs numéros sous le titre : « Le surréalisme et la peinture. » Certes, la peinture est « un expédient lamentable », mais ne peut-on considérer les œuvres de Picasso comme un « au-delà » de la peinture, c'est-à-dire comme la preuve qu'il peut exister une peinture surréaliste ? Faudra-t-il donner la même qualité à la peinture du Chirico d'avant 1913 (dont Max Morise nous entretient dans le même numéro) et finalement à toute peinture qui sortira des sentiers battus de l'art officiel, ou même avancé ? Si Breton reconnaît à la peinture un pouvoir équivalent à celui que donne le langage : « pas plus artificiel que l'autre », s'il pense qu'à partir du moment où le peintre refuse de copier la nature pour concentrer ses forces sur « le modèle intérieur » la partie engagée est toute différente, s'il croit notamment que sans Picasso « la partie qui nous occupe fût tout au moins remise, sinon perdue [50] », il a raison de proclamer qu'il existe une peinture surréaliste, et que demain il pourra exister une poésie surréaliste. Eluard ne le prouve-t-il pas [51] ? Et n'est-il pas symptomatique de voir les textes proprement automatiques se réduire à quatre [52], les récits de rêves à deux seulement [53] ?

Il serait toutefois faux de penser que *la Révolution surréaliste* s'assagit, qu'elle tend à devenir une revue « artistique ». L'accent est toujours porté sur la révolte nécessaire, fondement et but du mouvement. En témoignent ces *Fragments d'une Conférence prononcée à Madrid à la « Residencia des Estudiantes »*, le 18 avril 1925, par Aragon, qui fonce tête baissée

49. *Maternité, le Chasseur*, de Joan Miro ; *Deux enfants sont menacés par un rossignol, la Révolution la Nuit, d*e Max Ernst ; *l'Armure*, d'André Masson.
50. « Son admirable persévérance nous est un gage assez précieux pour que nous puissions nous passer de faire appel à toute autre autorité. »
51. Il publie dans ce numéro six poèmes.
52. Ceux de Ph. Soupault, M. Noll, G. Malkine, P. Eluard.
53. Ceux de Max Morise et de Michel Leiris.

sur les représentants avoués d'une civilisation morte venus
l'écouter :

« Ah ! banquiers, étudiants, ouvriers, fonctionnaires, domes-
tiques vous êtes les fellateurs de l'utile, les branleurs de la
nécessité. Je ne travaillerai jamais, mes mains sont pures.
Insensés, cachez-moi vos paumes, et ces callus intellectuels
dont vous tirez votre fierté. Je maudis la science, cette sœur
jumelle du travail. Connaître ! Etes-vous jamais descendus au
fond de ce puits noir ? Qu'y avez-vous trouvé, quelle galerie
vers le ciel ? Aussi bien, je ne vous souhaite qu'un grand coup
de grisou qui vous restitue enfin à la paresse qui est la seule
patrie de la véritable pensée... »

Et que durent-ils penser, ces jeunes gens, de la péroraison ?

« Nous aurons raison de tout. Et d'abord nous ruinerons
cette civilisation qui vous est chère, où vous êtes moulés
comme des fossiles dans le schiste. Monde occidental, tu es
condamné à mort. Nous sommes les défaitistes de l'Europe...
Que l'Orient, votre terreur, enfin à notre voix réponde. Nous
réveillerons partout les germes de la confusion et du malaise.
Nous sommes les agitateurs de l'esprit. Toutes les barricades
sont bonnes, toutes les entraves à nos bonheurs maudits. Juifs,
sortez des ghettos. Qu'on affame le peuple, afin qu'il connaisse
enfin le goût du pain de colère ! Bouge, Inde aux mille bras,
grand Brahma légendaire. A toi Egypte ! Et que les trafiquants
de drogue se jettent sur nos pays terrifiés. Que l'Amérique au
loin croule de ses buildings blancs au milieu des prohibitions
absurdes. Soulève-toi, monde ! Voyez comme cette terre est
sèche et bonne pour tous les incendies. On dirait de la paille.

» Riez bien. Nous sommes ceux-là qui donneront toujours la
main à l'ennemi [54]... »

Cette outrance n'est pas seulement formelle ; elle tient à une
conception fondamentale qui fait de la Révolution une valeur
transcendante, qu'Eluard oppose une fois de plus, à propos
d'une manifestation de *Philosophies* [55], au pragmatisme révolutionnaire :

« Il n'est pas de révolution totale, il n'est que la *Révolution*
perpétuelle, vie véritable, comme l'amour, éblouissante à

_____

54. *La Révolution surréaliste*, n° **4**.
55. Le 18 mai 1925.

chaque instant. Il n'est pas d'ordre révolutionnaire, il n'est que désordre et folie. « La guerre de la liberté doit être menée avec colère » et menée sans cesse par tous ceux qui n'acceptent pas [56]... »

Position magnifiquement instransigeante, mais dont les politiques pouvaient se gausser tant qu'elle ne sortait pas des phrases, des manifestations sans portée réelle. Les surréalistes ne sont pas insensibles au reproche formulé à leur endroit : « phraseurs révolutionnaires », et c'est en partie pour s'en laver qu'ils accentuent en nombre et en importance leurs manifestations habituelles.

Une pièce d'Aragon ayant été montée au Vieux-Colombier et devant être représentée un soir de juin 1925, les organisateurs eurent la malencontreuse idée de la faire précéder d'une causerie d'un M. Aron sur le « Français moyen ». Les surréalistes s'y rendirent et sabotèrent la séance de bout en bout, causant un scandale qui est rapporté tout au long par le *Journal littéraire* du 13 juin 1925 [57]. Le banquet Saint-Pol-Roux devait avoir plus de retentissement encore, et provoquer contre eux une levée de boucliers à peu près générale.

Les surréalistes admiraient Saint-Pol-Roux ; ils voyaient en lui un magnifique poète, et si son catholicisme les avait empê-

---

56. *La Révolution surréaliste*, n° 4.
57. « ... Je n'avais pas entendu vingt mots... qu'un grand gaillard assis derrière moi se mit à parler plus haut que le conférencier. Celui-ci attendit avec patience qu'il eut fini, pour reprendre sa phrase, mais, à huit rangées à droite de mon fauteuil, un autre monsieur prenait la parole. Des réponses s'entre-croisèrent. Et on entendit subitement partir de différents points un mot fort historique, mais plus digne des armées napoléoniennes que d'une assemblée honnête. Hélas ! ce mot s'amplifia jusqu'à devenir verbe - [M. Aron tente de reprendre la parole.] Les interrupteurs surgirent de toutes parts. Une voix proclama : « On ne vous laissera pas parler, signé : les surréalistes. » Et les choses s'envenimèrent... la police intervint... Philippe Soupault ne fit qu'un bond jusqu'à l'estrade et se campa les bras croisés sur la poitrine, défiant qu'on vînt l'en arracher autrement que par la force des baïonnettes... Robert Desnos haranguait violemment la foule, arpentant la scène de long en large... Pendant ce temps on frappait à la joue le doux poète Eluard ; Vitrac se précipita pour le défendre... toute la salle était debout, et dans l'air se croisaient les injures et les menaces. »

chés de le prendre comme garant de leur action, ils
n'oubliaient pas les fulgurantes images des *Reposoirs de la
Procession* ou de *La Dame à la Faulx*. Le vocabulaire même,
si particulier, du poète de Camaret, si rutilant de pierreries et
de feux, et parfois si précieux aussi, n'allait pas sans leur
donner raison quand ils le proclamaient directement issu de
l'inconscient du poète. Aussi se trouvèrent-ils amenés, à la
suite d'un *Hommage à Saint-Pol-Roux* organisé par *les Nouvelles littéraires* et auquel ils avaient collaboré, à participer
vers le début de juillet 1925 à des agapes offertes au « Magnifique » par une assemblée d'amis et de disciples patronnée par
le Mercure de France. Elles se déroulèrent à « la Closerie des
Lilas ». Parmi les assistants, certains parurent franchement
indésirables aux surréalistes. Il ne s'agissait naturellement pas
des symbolistes à la Paul-Napoléon Roinard, attardés et inoffensifs, mais de personnalités comme Lugné-Poë et Rachilde,
dont les idées leur paraissaient conservatrices ou même réactionnaires. Au cours du banquet, Rachilde se laisse aller à dire,
répétant les termes d'une interview donnée précédemment, et
assez fort pour que toute l'assemblée l'entendît, « qu'une Française ne peut pas épouser un Allemand ». Or, les surréalistes
étaient à ce moment fort amoureux de l'Allemagne ; d'abord
parce que ce pays représentait pour les bourgeois français
l'ennemi héréditaire incomplètement vaincu que les chaînes du
traité de Versailles n'empêchaient pas de vouloir se relever, le
mauvais payeur des Réparations que Poincaré avait exaspéré
en occupant la Rhur, ensuite parce qu'il était, selon Desnos, de
ces forces de l'Orient qu'on appelait à détruire la civilisation
occidentale, enfin parce que, comme l'avait dit Aragon :
« Nous sommes ceux-là qui donneront toujours la main à
l'ennemi. » A la suite de la déclaration de Rachilde, Breton se
lève, très digne, et fait remarquer à Mme Rachilde que le
propos qu'elle tient est injurieux pour son ami Max Ernst,
justement invité à ce banquet [58]. Soudain un fruit, lancé par on
ne sait qui, vola dans les airs et vint s'écraser sur la personne
d'un officiel, tandis que des cris : « Vive l'Allemagne ! »

---

58. Il existe autant de versions différentes, sur ce banquet, que de
témoins. D'après certains, André Breton aurait jeté sa serviette au
visage de Mme Rachilde en la traitant de « fille à soldats ! ».

étaient vociférés. Le tumulte devient bientôt général et tourne
à la bagarre. Philippe Soupault suspendu au lustre dont il se
sert comme d'une balançoire, renverse du pied plats et bou-
teilles sur les tables [59]. Au dehors, les badauds s'attroupent. Les
coups tombent de droite et de gauche. Rachilde prétendra plus
tard qu'elle fut frappée d'un coup de pied au ventre par un
grand escogriffe à l'accent tudesque (elle voulait naturellement
désigner Max Ernst lui-même). Le sage de Camaret, tel le
pilote sur un navire en perdition au plus fort de la tempête,
navré de ces incidents, veut ramener le calme. Ses paroles
d'apaisement ne sont pas entendues par ses amis officiels.
L'occasion est trop bonne de réduire à néant ces « provoca-
teurs surréalistes ». Et comme on n'en peut venir à bout, on a
recours aux défenseurs naturels de la poésie bafouée : les policiers, à qui on désigne ceux qu'il faut passer à tabac. Tandis
qu'on entend les cris : « Vive l'Allemagne ! Vive la Chine !
Vive les Riffains ! », Michel Leiris, ouvrant une fenêtre qui
donne sur le boulevard, crie à pleins poumons : « A bas la
France ! » Invité par la foule à venir s'expliquer, il ne s'en fait
pas faute : la bagarre continue sur le boulevard du Montparnasse. Leiris continuant à défier la police et la foule, manque
être lynché. Emmené au commissariat, il y est copieusement
rossé.

Le scandale fut énorme. Les journaux, avec ensemble,
crièrent haro ! sur les surréalistes, publiant des interviews indi-
gnées de Mme Rachilde, victime des « agents allemands ».
Orion, de *l'Action française,* proposa dans une « Lettre
ouverte aux courriéristes littéraires » de mettre les surréalistes
en quarantaine [60]. On devait les punir en organisant autour

---

59. « Les tables sont renversées, la vaisselle piétinée. Les adver-
saires en viennent aux coups, pendant que les vitres volent en
éclats. » (Interview de Rachilde.)
60. « ... Il s'agit de justes représailles, de leur fermer la route qui
mène au grand public... Chacun de nous... se taira à l'avenir sur
leurs articles, leurs livres, jusqu'à ce qu'ils aient adopté des méthodes
de publicité un peu moins ignobles. Première sanction, que d'autres
pourront suivre, d'une autre sorte, s'ils ne se contentent pas
d'écrire... » Orion. (*L'Action française*, 6 juillet.)
Clément Vautel est là, lui aussi : « ... Ce sont ces « terreurs » du
boulevard Montparnasse que ménage une critique intimidée, défaillante, lâcheuse. Ah ! la peur d'être traité de « pompiers »... » Deux

d'eux la conspiration du silence. Le vocable même de « surréalisme » devait être à jamais banni des journaux : on ne
pouvait croire les surréalistes animés par autre chose que le
désir de la réclame.

Les surréalistes ne s'en tinrent pas là. Ils publiaient en même
temps la « Lettre ouverte à Paul Claudel, ambassadeur de
France ». Son Excellence, en effet, dans une interview à
Comœdia, n'avait trouvé rien de mieux que de traiter l'activité
surréaliste de « pédérastique », ajoutant, détail inattendu dans
ce débat, qu'il avait bien mérité de la patrie pour avoir, durant
la guerre, permis la vente par l'Amérique de « grosses quanti-
tés de lard » à la France en guerre. La réponse fut virulente :

« Peu nous importe la création, *disaient les surréalistes,* nous
souhaitons de toutes nos forces que les révolutions, les guerres
et les insurrections coloniales viennent anéantir cette civilisation occidentale dont vous défendez jusqu'en Orient la ver-
mine, et nous appelons cette destruction comme l'état de
choses le moins inacceptable pour l'esprit...

» ... Nous saisissons cette occasion pour nous désolidariser
publiquement de tout ce qui est français en paroles et en
actions. Nous déclarons trouver la trahison et tout ce qui,
d'une façon ou d'une autre, peut nuire à la sûreté de l'Etat
plus conciliables avec la poésie que la vente de « grosses quan-
tités de lard » pour le compte d'une nation de porcs et de
chiens... »

Nouvelle levée de boucliers. *Le Journal littéraire,* du 4 juillet 1925, propose cette fois de mettre les surréalistes hors d'état
de nuire [61].

---

ordres du jour sont envoyés aux journaux, l'un de la *Société des
Gens de lettres* qui « flétrit la conduite scandaleuse de quelques
assistants qui ont insulté une femme de lettres et crié : « A bas la
France !... », l'autre de l'*Association des Ecrivains combattants* qui
« voue au mépris public les auteurs de cette manifestation préméditée... injure à la pensée française... outrage à tous ceux qui ont
combattu et sont morts pour elle... »
61. Revenant sur le banquet Saint-Pol-Roux : « Reste à savoir si
la justice traitera comme ils le méritent des gens qui ne sont pas
seulement des mauvais Français et des goujats mais dont plusieurs
en outre étaient armés, et qui se sont conduits en criminels de droit
commun... On s'emploiera à les faire taire. » (*L'Action française.*)

On ne se faisait en effet plus d'illusions sur l'idéologie et l'activité des surréalistes. Jusqu'alors on n'avait pas pris trop au sérieux leurs anathèmes, espérant qu'après avoir jeté leur gourme ils finiraient bien, comme tant d'autres, par se ranger, et tant que ces anathèmes restaient sur le plan de l'écriture, on pouvait laisser ouverte cette soupape de sûreté, se donner des airs libéraux à l'égard d'enfants terribles. Mais la situation empirait : aux prises à l'intérieur avec une crise monétaire sérieuse, à l'extérieur la France menait depuis quelques mois une véritable guerre contre les bandes riffaines d'Abd-el-Krim ; tandis que sur l'échiquier international le gouvernement révolutionnaire de Canton, étendant son influence en Chine, semblait annoncer les prodromes d'une nouvelle crise révolutionnaire des masses asiatiques. L'U. R. S. S., contrairement aux prévisions « distinguées », ne s'était pas écroulée. Aux prises avec d'indéniables difficultés, elle mobilisait la sympathie active de la classe ouvrière internationale. L'heure n'était plus au libéralisme. Il fallait serrer les rangs contre l'ennemi commun, fonder à nouveau, notamment sur le plan de l'art, une « union sacrée » autour des valeurs traditionnelles de patrie, famille, religion, et combattre sans merci les énergumènes surréalistes.

Mis par les événements en demeure de choisir, les surréalistes se décidèrent à entrer dans la lice. A la vérité, leur choix était fait depuis toujours ; ce qui ne l'était pas, nous l'avons suffisamment montré par les déclarations d'Aragon, Breton, Eluard, c'était la volonté de l'exprimer sur le plan d'une action politique. Il leur semblait vain et dangereux de concrétiser leur idéal de « révolution totale » sur ce plan, à côté ou avec les spécialistes de la politique, si même ils ne trouvaient pas dérisoire l'action de ces derniers. Diverses raisons d'importance inégale leur firent opérer un tournant, et s'engager dans une direction qui leur serait apparue impossible à prendre quelques mois plus tôt.

Paul Souday, dans *le Temps,* écrit plaisamment à propos de la lettre à Claudel : « Lorsque M. Louis Aragon ou M. Philippe Soupault se présenteront à l'Académie dans une trentaine d'années, ils seront un peu gênés si un concurrent exhume ces tristes élucubrations. »

4. La guerre du Maroc

> « L'art authentique d'aujourd'hui a
> partie liée avec l'activité sociale révo-
> lutionnaire : il tend comme elle à la
> confusion et à la destruction de la
> société capitaliste. » André Breton.

Ce fut d'abord la Guerre du Maroc. Nous avons montré
combien la guerre de 1914-1918 avait profondément marqué
les surréalistes, comment ses horreurs et son inutilité avaient
contribué à doter ces hommes d'une volonté ferme de destruction totale, dont ils s'étaient plu à trouver l'équivalent chez
Sade, Borel, Rimbaud, Lautréamont. Voici la guerre qui
recommence avec envoi des classes sur le « théâtre des opéra-
tions », mobilisation larvée, mort d'hommes jeunes, et déclen-
chée cette fois non plus contre un autre pays capitaliste, mais
contre un peuple colonisé amoureux de sa liberté. Son chef,
Abd-el-Krim, assurait que les Riffains ne demandaient qu'à
vivre en bonne intelligence, mais sur un pied d'égalité, avec les
Français, qui, d'après lui, ne pouvaient indéfiniment faire durer une oppression infamante pour tous. Non seulement
l'appareil de la guerre moderne est mis en branle contre ces
peuplades soulevées, mais on demande aux « intellectuels » de
donner des justifications aux instigateurs de la répression. Si
les Académiciens et les littérateurs officiels prennent parti
pour la « Patrie menacée » (Manifeste : Les Intellectuels aux
côtés de la Patrie), les surréalistes sont au contraire poussés du
côté des révoltés et, dans la métropole, de ceux qui les sou-
tiennent : les communistes, qui proclament la volonté de faire
cause commune avec Abd-el-Krim.

Ce désir de rapprochement ne va pas jusqu'à vouloir adhérer
au Parti communiste. Breton et ses amis sont trop jaloux de
leur autonomie et de la valeur de leurs idées pour les

confondre avec une doctrine de révolution principalement fondée sur l'économie et l'histoire des rapports de classes. Mais ils sont prêts à faire une sorte de « front unique » avec des organisations para-communistes ou d'intellectuels révolutionnaires se réclamant des enseignements de Lénine et Trotsky. Au premier plan de ces organisations se place le groupe *Clarté,* avec qui autrefois on a durement polémiqué (discussion Aragon-Bernier), et qui est le seul à mener sur le plan idéologique une action efficace contre la guerre du Maroc. Les directeurs de *Clarté* : Jean Bernier, Marcel Fourrier, se sont peu à peu dégagés de l'influence pacifiste et humanitaire de Henri Barbusse, fondateur du mouvement à la fin de la guerre (1919), pour s'engager dans la voie révolutionnaire, sur un plan parallèle à celui de l'Internationale communiste. Ils ont créé autour de cette organisation une « aura » d'intellectuels et de sympathisants ; ils portent de rudes coups à l'idéologie bourgeoise et s'essayent à créer contre elle des valeurs nouvelles, à partir de l'exemple de la Russie des Soviets. Si les surréalistes tenaient jusqu'alors l'expérience russe pour assez peu exaltante, ils n'en sont pas moins précipités vers *Clarté* par la force même des événements [62]. On commence à prendre langue, à se réunir, à discuter des problèmes fondamentaux. Nous avons sous les yeux un ordre du jour de réunion où se marque une volonté de collaboration qui préfigure une fusion pure et simple : on y proclame la nécessité d'une discipline commune et d'un contrôle de l'activité de chacun [63]. N'y manque même pas, mais

---

62. Les événements de la Guerre du Riff vinrent nous jeter littéralement les uns sur les autres. » Marcel Fourrier (*Clarté,* 30 novembre 1925).

63. Ordre du jour de la réunion du mercredi 8 octobre 1925, à *Clarté,* à 20 heures précises (Engagement absolu au secret) :
   I. Position idéologique. Plan politique, plan moral.
   A. Politique. Vis-à-vis de l'Internationale communiste,
      — du P. C. F.,
      — des partis bourgeois.
   B. Moral. Vis-à-vis de l'individu, de la Révolution, d'autres disciplines (artistiques, philosophiques, religieuses).
   II. Nécessité d'une discipline basée sur la confiance. Moyen de l'assurer : principe du vote.
   III. Formation d'un Comité. Ses attributions, ses pouvoirs. Contrôle de l'activité individuelle. Sa durée, sa composition.
(Communiqué par Raymond Queneau.)

c'était plus difficile à réaliser, le désir de parvenir à une idéologie commune quant au grand problème des rapports de l'individu et de la Révolution. On constitue un Comité paritaire chargé de prendre des décisions.

L'accord est moins net avec le groupe « Philosophies » où de jeunes philosophes comme Henri Lefebvre, Georges Politzer, Norbert Guterman, Georges Friedmann et Pierre Morhange se tiennent assez éloignés du communisme, auquel ils viendront plus tard, et même d'une philosophie matérialiste conséquente. Ils s'essaient du moins à fonder des valeurs susceptibles de ruiner l'état de choses idéologique tel que l'avait confectionné et continuait à le défendre la bourgeoisie.

L'accord entre les surréalistes, *Clarté, Philosophies* et *Correspondance* (revue surréaliste belge de Camille Gœmans et Paul Nougé), se concrétisa sous forme d'un Manifeste : « La Révolution d'abord et toujours » où nous trouvons, après un coup de chapeau à l'Asie éternelle, d'autres idées nouvelles acceptées par les surréalistes, et bien étrangères, du moins dans la forme où elles sont formulées, à leurs préoccupations antérieures. Les voici engagés dans les problèmes du salariat, c'est-à-dire en pleine économie politique [64].

Ce n'est là qu'un préambule. La Déclaration elle-même consigne « le magnifique exemple d'un désarmement immédiat, intégral et sans contrepartie qui a été donné au monde en 1917 par Lénine à Brest-Litovsk », le refus de se laisser mobiliser sous « l'abjecte capote bleu-horizon... étant donné que pour nous la France n'existe pas », la volonté de dénoncer et confondre en toute occasion : « prêtres, médecins, professeurs, littérateurs, poètes, philosophes, journalistes, juges, avocats, policiers, académiciens de toutes sortes [65] ». Ce qu'il importe

---

64. « Depuis plus d'un siècle, la dignité humaine est ravalée au rang de valeur d'échange. Il est déjà injuste, il est monstrueux que qui ne possède pas soit asservi par qui possède, mais lorsque cette oppression dépasse le cadre d'un simple salaire à payer et prend par exemple la forme de l'esclavage que la haute finance internationale fait peser sur les peuples, c'est une iniquité qu'aucun massacre ne parviendra à expier... »

65. « Vous tous signataires de ce papier imbécile : « Les Intellectuels aux côtés de la Patrie... » Chiens dressés à bien profiter de la patrie, la seule pensée de cet os à ronger vous anime... »

en outre de souligner, c'est une proclamation toute nouvelle pour les surréalistes : « Nous ne sommes pas des utopistes : *cette Révolution, nous ne la concevons que sous sa forme sociale* [66]. » Il ne s'agit donc plus de « révolution de l'esprit » sans changer « quoi que ce soit à l'ordre physique et apparent des choses ». Bien au contraire, pas de révolution possible sur le plan de l'esprit, but fondamental des surréalistes, sans d'abord une révolution dans les relations sociales. Les surréalistes semblent même indiquer que cette dernière est devenue la plus urgente, la plus immédiatement nécessaire, que vouloir s'en passer serait faire preuve « d'utopie ».

Ce texte marque un tournant dans l'évolution du mouvement. Il inaugure ce que Breton en a appelé « la période raisonnante [67] » et c'est de ce moment qu'il date le passage de l'idéalisme, dont il reconnaît que les surréalistes étaient les tenants, au « matérialisme dialectique ». C'est peut-être aller vite en besogne ; constatons toutefois le besoin de ce passage, qu'on veut rendre « définitif ». Et les discussions iront d'ailleurs, à partir de ce moment, bon train sur les façons de le réaliser. Breton ajoute que l'activité surréaliste en 1925 prenait conscience de son « insuffisance relative », il indique comment elle devait « cesser de se contenter des résultats (textes automatiques, récits de rêves, discours improvisés, poèmes, dessins ou actes spontanés) qu'elle s'était proposée initialement, comment elle en est venue à ne considérer ses premiers résultats que comme des *matériaux*, à partir desquels tendait inéluctablement à se reposer sous une forme toute nouvelle le problème de la connaissance ».

---

66. C'est nous qui soulignons.
67. « *La Révolution d'abord et toujours*... sans doute idéologiquement assez confuse... n'en marque pas moins un précédent caractéristique qui va décider de toute la conduite ultérieure du mouvement. L'activité surréaliste en présence de ce fait brutal, révoltant, *impensable* [la guerre du Maroc], va être amenée à s'interroger sur ses ressources propres, à en déterminer les *limites ;* elle va nous forcer à adopter une attitude précise, extérieure à elle-même, pour continuer à faire face à ce qui excède ces limites. Cette activité est entrée à ce moment dans sa phase raisonnante. Elle éprouve tout à coup le besoin de franchir le fossé qui sépare l'idéalisme absolu du matérialisme dialectique. » André Breton. *Qu'est-ce que le surréalisme ?* (1934).

Un autre fait, d'apparence moindre, mais de conséquences non négligeables, vint ajouter son effet à celui des événements : c'est la lecture par Breton du *Lénine* de Léon Trotsky, ouvrage qui montrait, sous un jour nouveau pour les surréalistes, l'ampleur du bouleversement effectué à l'Est européen, l'audace et la lucidité dont avaient fait preuve ses protagonistes. Que devenaient Sade, Borel, Rimbaud, à côté de ces titans qui avaient résolu pour eux-mêmes, avant de les résoudre pour tous, les problèmes de la destinée de l'homme, de son pourquoi, de son comment, dans une ascèse volontaire et indéfinie, passant de loin les problèmes moraux individuels que se posaient les intellectuels révolutionnaires d'Occident ? Breton, dont le génie intuitif ne fut jamais en défaut, prit conscience de « ces frissons nouveaux qui parcouraient l'atmosphère [68] » et c'est dans le ton de la plus enthousiaste admiration qu'il salue et la révolution russe et ses pilotes [69]. Il montre une particulière admiration pour Trotsky, admiration qu'il conservera longtemps, caractérisant encore en 1938 les temps qui prennent fin avec le déclenchement de la deuxième guerre mondiale comme « l'époque de Lautréamont, de Freud et de Trotsky [70] ». Ces trois noms, dont il ne veut pas faire seulement des symboles, résument selon lui l'effort le plus exaltant qui ait été marqué dans une volonté de dépassement de la poésie, d'approfondissement de l'homme, de transformation révolutionnaire des sociétés.

Il semble donc que les surréalistes veuillent franchir le pas vers une action sociale et politique. En cette fin d'année 1925, la collaboration est désormais établie avec le groupe *Clarté*. Déjà, en mai, un rédacteur de *Clarté*, Victor Crastre, sous le

---

68. Lautréamont.

69. « ... Je renonce à décrire nos impressions.

« Trotsky se souvient de Lénine. Et de claire raison passe par-dessus tant de troubles que c'est comme un splendide orage qui se reposerait. Lénine, Trotsky, la simple décharge de ces deux noms va encore une fois faire osciller des têtes et des têtes. Comprennent-elles ? Ne comprennent-elles pas ?

« Vive donc Lénine ! Je salue ici très bas Léon Trotsky ; lui qui a pu... » André Breton, Léon Trotsky : « Lénine ». *La Révolution surréaliste*, n° 5.

70. André Breton, Prière d'insérer à l'ouvrage de Nicolas Calas : *Foyers d'incendie* (Denoël).

titre de « Explosion surréaliste », faisait sortir de l'ostracisme
où les vouaient les intellectuels révolutionnaires le petit groupe
surréaliste. Il montrait les « points de contact entre les surréalistes et nous autres, points de contact que nous ne décou-
vrons ainsi marqués avec aucun autre groupe littéraire actuellement vivant ». En novembre, Jean Bernier lui-même les présente à ses lecteurs comme « la fraction la plus active et la plus
résolue de la jeunesse intellectuelle, ceux-là mêmes en l'originá-
lité desquels, en le « talent » desquels, comme ils disent, les
bourgeois cultivés mettaient le plus d'espoir » ; il les montre
comme « rejetant les succès de carrière recherchés avec tant de
servilité par l'immense majorité de leurs aînés et de leurs
contemporains pour finalement se joindre à nous pour un
nouveau départ ». Bernier souligne en outre une déclaration
publique faite récemment *au nom de notre nouveau groupement,* reproduite par *l'Humanité* du 8 novembre 1925, où les
surréalistes, conjointement avec leurs nouveaux camarades,
signifiaient expressément qu'il n'y avait jamais eu de « théorie
surréaliste de la révolution », qu'ils n'avaient jamais cru à une
« révolution surréaliste ». Notons ces déclarations comme la
manifestation de leur état d'esprit de 1925 plutôt que comme
expression certaine de la vérité. L'important est qu'ils disent ne
vouloir désormais considérer la révolution que « sous sa forme
économique et sociale » et emploient même pour la définir les
strictes formules léninistes [71].

Cette prise de position sans ambiguïté rejette loin dans le
passé la polémique avec Aragon. Bernier en rend compte par
le fait que Breton et ses amis se sont heurtés, tout comme les
rédacteurs de *Clarté*, à des « réalités implacables » : la guerre,
l'exploitation de l'homme par l'homme, la prostitution de l'art
et de la littérature [72].

Aussi le numéro de décembre de *Clarté* peut-il annoncer sur

71. « Ils ne peuvent concevoir la révolution que sous sa forme
économique et sociale : la Révolution est l'ensemble des événements
qui déterminèrent le passage du pouvoir des mains de la bourgeoisie
à celles du prolétariat et le maintien de ce pouvoir par la dictature
du prolétariat... »
72. Dans ce même numéro de *Clarté*, Aragon entreprend une
étude sur le « Prolétariat de l'esprit », qualifiée par Bernier d' « ir-
réprochablement marxiste ».

sa couverture : « *Clarté* disparaît, *la Guerre civile* lui succède »
en même temps qu'il cite les fondateurs, surréalistes et clartéistes, de cette nouvelle publication : Louis Aragon, Jean Bernier, André Breton, Victor Crastre, Robert Desnos, Paul
Eluard, Marcel Fourrier, Paul Guitard, Benjamin Péret, Michel
Leiris, André Masson, Philippe Soupault, Victor-Serge. Les
choses sont désormais assez avancées pour que Marcel Fourrier puisse, dans l'éditorial, présenter le futur nouvel organe
comme l'expression du :

« premier courant qui apparaisse depuis 1919 en France
d'une jeune intelligence révolutionnaire acquise au communisme, courant où se rejoignent pour la première fois des
esprits venus à la Révolution par les voies les plus diverses, et
qui exprime surtout l'effort si précieux des jeunes générations
d'après-guerre[73]. »

Les surréalistes font la même annonce dans *la Révolution
surréaliste* du 1er mars 1926, avec cette différence toutefois
qu'ils n'y disent pas que *la Révolution surréaliste* doive disparaître au profit de la tribune commune. C'est qu'en effet le
ralliement n'est pas total, ne va pas jusqu'à la dissolution du
groupe surréaliste ; et Breton s'en explique dans le premier
article qu'il donne à *Clarté*. Certes, les surréalistes sont sortis
de leur tour d'ivoire ; ils pensent désormais que la lutte ne peut
se borner au plan des idées, et Breton qui avait écrit qu'on ne
ferait pas servir le surréalisme à « l'amélioration de l'abominable confort terrestre », reconnaît que toute œuvre de l'esprit
ne peut être valable que si elle contribue à « changer les
conditions d'existence de tout un monde[74] ». Toutefois, l'expérience surréaliste existe également. Elle a déjà donné des résultats et ne s'oppose en rien à la Révolution. D'après lui, elle
dépasse même par son ampleur l'étroite spécialisation de l'éco-

73. *Clarté*, n° 79.
74. « Je veux croire qu'il n'est pas une œuvre de l'esprit qui n'ait
été conditionnée par le désir d'amélioration *réelle* des conditions
d'existence de tout un monde... L'important est que, pour nous, le
désespoir, ce fameux désespoir qu'on nous a toujours accordé pour
mobile cesse au seuil d'une nouvelle société. Nous n'avons eu qu'à
tourner nos regards vers la Russie... Nous appartenons corps et âme
à la Révolution et si, jusqu'ici, nous n'avons jamais accepté de
commandements c'était pour nous garder aux ordres de ceux qui
l'animent... » André Breton, La force d'attendre (*Clarté*, n° 79).

nomique et du social, et ne saurait sans risque grave s'y confondre, s'y limiter. Ceux qui voudraient la regarder comme une simple annexe de l'action révolutionnaire se tromperaient, et Breton prévient ses amis politiques de n'attendre de sa part ni désaveu de cette action, ni renoncement. Il est utile, il est nécessaire que l'expérience surréaliste se poursuive [75].

Cette intransigeance de Breton quant à l'autonomie propre du surréalisme, qu'il veut bien placer au service de la révolution mais qu'il ne veut pas lui sacrifier, fit en fin de compte échouer le projet de nouveau groupement. *La Guerre civile* ne paraîtra pas.

Du côté des surréalistes, en dehors de ces données théoriques, aucune explication officielle avant 1927 sur l'abandon du projet. *Clarté,* dont le numéro 1 (nouvelle série), reparaît le 15 juin 1926, s'efforce par contre de chercher les raisons de l'échec [76]. Marcel Fourrier les voit dans une absence de véritable vie collective du nouveau groupement, seule capable de transmuter les valeurs surréalistes et clartéistes et, à son défaut, dans une méprise sur le véritable emploi qu'il convenait de faire des forces momentanément agrégées : il fallait laisser les surréalistes et les clartéistes à leur spécialisation qui avait été leur raison d'être, abandonner l'idée d'une fusion impossible, et non souhaitable, pour une collaboration qui n'en eût été que plus étroite. Seul un enthousiasme non contrôlé est responsable de cet échec provisoire, et, pour sa part, Fourrier ne montre aucune animosité envers les surréalistes, convaincu que « vienne l'épreuve décisive, ils prendront place dans le rang communiste »... Il fait plus : il excuse ; avec une compréhension fraternelle, il envisage les problèmes propres au surréalisme, reconnaît qu'ils ne sont pas ceux de l'action politique et sociale. Dans ce cas :

« l'absurde serait évidemment, dans le temps présent, de demander aux surréalistes de renoncer au surréalisme. Ont-ils

75. « Je ne crois pas qu'à l'heure actuelle il y ait lieu d'opposer la cause de l'esprit pur à celle de la Révolution et d'exiger de nous, de certains d'entre nous, une spécialisation encore plus grande. Encore moins comprendrais-je qu'à des fins utilitaires on tienne à obtenir de moi le désaveu de l'activité surréaliste par exemple. » *Ibid.*

76. Marcel Fourrier, Lettre aux lecteurs de *Clarté* (n° 1 nouvelle série, 15-6-1926).

demandé aux communistes de renoncer au communisme ? En définitive, il vaut mieux que l'expérience projetée n'ait pas *encore* eu lieu : ainsi l'avenir reste-t-il toujours réservé. »

Les politiques ne s'étant pas montrés intraitables, les ponts ne sont donc pas coupés. A la fusion projetée se substitue la collaboration : elle consiste en la publication, dans *Clarté*, de poèmes et essais surréalistes d'Aragon, Eluard, Péret, Leiris, Desnos, jusqu'en 1927. Une hospitalité réciproque est donnée dans *la Révolution surréaliste* à des études sociales et politiques de Marcel Fourrier et de Victor Crastre.

3

La période raisonnante du surréalisme

1925-1930

1. La crise Naville

> « Notre époque n'est pas celle des pro-
> phéties, mais celle des prévisions. »
> Pierre Naville.

La question d'une démarche politique et sociale du surréalisme n'en est pas résolue pour autant. C'est au sein même
du groupe surréaliste qu'elle va se poser à nouveau et occa-
sionner, comme le constate Breton, des « tiraillements caracté-
ristiques [1] ». « Tiraillements » inévitables, si l'on songe que le
surréalisme ne fut jamais une doctrine mais une attitude
d'esprit, et qu'il fut animé par des individualités fort diversement déterminées. La force des événements, et d'une manière
plus intime l'expérience menée en commun avec *Clarté*,
amènent certains de ses membres à poser une fois de plus la
question : « Que peuvent faire les surréalistes ? » Pierre Naville
y répond en faisant le procès de l'attitude surréaliste telle
qu'elle se présente en fin d'année 1925-début 1926 [2]. Pour lui,
si les intellectuels ont été susceptibles de jouer un rôle plus
déterminant en France que dans d'autres pays, ils n'en sont pas
moins d'aucune aide directe au prolétariat révolutionnaire,
seule force capable d'accomplir la révolution appelée par les
surréalistes. Les surréalistes eux-mêmes, malgré leurs manifestations tapageuses, sont incapables de constituer une force
susceptible d'effrayer la bourgeoisie et ces manifestations se
cantonnent au plan moral : sur ce plan, la bourgeoisie pardonne facilement les incartades ; elle sait que les scandales

1. André Breton, *Qu'est-ce que le surréalisme ?*
2. Pierre Naville, *La Révolution et les Intellectuels* (Que peuvent
faire les surréalistes ?).

moraux ne peuvent mener à un bouleversement social ni même intellectuel [3].

A supposer même que les surréalistes transgressent ce plan moral, ils ne peuvent se déterminer utilement, et c'est un problème autrement important, qu'après avoir résolu l'antinomie foncière du surréalisme, partagé entre une attitude métaphysique que Naville caractérise comme une « spéculation théorique sur les données de l'expérience interne et d'une certaine expérience des objets et événements extérieurs », et une attitude dialectique qui ne serait autre que la « progression de l'esprit calquée sur le sentiment qu'il a de lui-même ». Ces deux attitudes s'excluent l'une l'autre. Et le dilemme est celui-ci : faut-il croire à « une libération de l'esprit antérieure à l'abolition des conditions bourgeoises de la vie matérielle et jusqu'à un certain point indépendante d'elle ? ou, au contraire, l'abolition des conditions bourgeoises de la vie matérielle est-elle une condition nécessaire de la libération de l'esprit ? » Suivant la réponse qui lui sera donnée, le surréalisme peut se diriger dans deux directions antagoniques :

« 1° ou bien persévérer dans une attitude négative d'ordre anarchique, attitude fausse a priori parce qu'elle ne justifie pas l'idée de révolution dont elle se réclame, attitude soumise à un refus de compromettre son existence propre et le caractère sacré de l'individu dans une lutte qui entraînerait vers l'action disciplinée du combat de classes ;

» 2° ou bien s'engager résolument dans la voie révolutionnaire, la seule voie révolutionnaire, la voie marxiste. C'est alors se rendre compte que la force spirituelle, substance qui est tout et partie de l'individu, est intimement liée à une réalité sociale qu'elle suppose effectivement [4]. »

Parce que ces deux attitudes sont à ce moment également possibles, l'alternative est posée sous cette forme tranchée.

---

3. « ... les scandales moraux suscités par le surréalisme ne supposent pas forcément un bouleversement des valeurs intellectuelles et sociales ; la bourgeoisie ne les craint pas. Elle les absorbe facilement. Même les violentes attaques des surréalistes contre le patriotisme ont pris l'allure d'un scandale moral. Ces sortes de scandales n'empêchent pas de conserver la tête de la hiérarchie intellectuelle dans une république bourgeoise... » P. Naville, *op. cit.*

4. P. Naville, *La Révolution...* (*op. cit.*).

Pierre Naville est partisan de la deuxième solution. Poursuivant sa démonstration, il entreprend de ruiner l'individualisme en tant que force révolutionnaire, attitude qui, malgré les apparences, emporte l'assentiment de presque tous les surréalistes. Que peut l'individu réduit à ses seules forces ? demande-t-il. Rien, sinon vaticiner. Les surréalistes ont proclamé la vanité de l'activité littéraire, ils ont même reconnu l'efficience de l'activité collective par l'existence de leur propre groupe. Cette activité collective ne résout rien si elle se borne à prôner des valeurs individuelles. Elle n'est plus qu'une addition au lieu, et elle en est capable, d'opérer un changement de la quantité en qualité.

Qu'on abandonne donc pour commencer « l'usage abusif du mythe Orient » qui ne saurait rien signifier pour un penseur révolutionnaire ; l'opposer à un autre mythe baptisé Occident ne repose sur rien de valable. Qu'on cesse également d'afficher un mépris « réactionnaire » pour les conquêtes de la science et du machinisme : les machines ne sont-elles pas « le domaine où les surréalistes entre autres ont recherché le merveilleux ? »

Après avoir demandé si la révolution souhaitée par les surréalistes « est celle de l'esprit a priori ou celle du monde des faits », Pierre Naville présente une conclusion nette :

« Le salariat est une nécessité matérielle à laquelle les trois quarts de la population mondiale sont contraints, indépendante à l'origine des conceptions philosophiques ou morales des soi-disant Orientaux ou Occidentaux. Sous la férule du capital, les uns et les autres sont des exploités. C'est toute leur idéologie présente. Les querelles de l'intelligence sont absolument vaines devant cette unité de condition... »

Ces déclarations « provoquent parmi nous des inquiétudes très sensibles [5] » reconnaît Breton. Elles font rejaillir les discussions à l'intérieur du groupe, elles risquent finalement de le disloquer. Le problème est posé en de tels termes qu'il faut répondre, prendre un parti. Breton publie *Légitime défense*. Dans cette brochure (septembre 1926), il réitère son adhésion de principe, enthousiaste, au programme communiste « bien qu'il s'agisse évidemment à nos yeux d'un programme mini-

5. André Breton, *Qu'est-ce que le surréalisme ?*

mum ». Sans en venir directement aux questions posées par Naville, il tourne, en excellent tacticien, ses armes contre les politiques. Il se plaint de « l'hostilité sourde » des communistes à son égard. De quel droit ? Les communistes seraient-ils seuls à réaliser la volonté révolutionnaire ? Ce n'est pas sûr : il suffit de lire *l'Humanité*, « puérile, déclamatoire, inutilement *crétinisante*, journal illisible, tout à fait indigne du rôle d'éducation prolétarienne qu'il prétend assumer. » Le Parti communiste est fondé sur la défense unique d'intérêts matériels [6], et cette préoccupation seule n'a jamais été capable de susciter des révolutionnaires. On devient révolutionnaire après avoir fait un certain nombre de sacrifices : position sociale, liberté, s'il le faut sa vie même. Ce n'est pas l'espoir d'une vie individuelle meilleure qui détermine le révolutionnaire. La sienne au contraire est faite de renoncements volontaires. La psychologie communiste est fausse qui veut susciter des révolutionnaires en leur promettant une vie matériellement plus facile.

Cette première erreur, de principe, n'encourage pas à voir les communistes comme les seuls révolutionnaires. Une question plus générale se pose : pourquoi monopoliseraient-ils la volonté révolutionnaire [7] ? N'est-il pas donné à plusieurs de la posséder ? Qui fera le départ entre les révolutionnaires et les autres ? Existe-t-il une frontière en deçà de laquelle on l'est, et au delà de laquelle on ne l'est plus ? Qui la tracera ? Breton, du même coup, marque l'ambition des surréalistes et définit leur rôle [8]. Leur ambition ? Servir au mieux la cause de la Révolution en revenant constamment aux principes qui risquent de s'adultérer au contact de l'action quotidienne. Leur rôle ? Pour user de cette activité, se tenir « en dehors ».

6. « Ce ne sont pas les avantages matériels que chacun peut espérer tirer de la Révolution qui le disposeront à jouer sa vie — sa vie — sur la carte rouge... »

7. « Je dis que la flamme révolutionnaire brûle où elle veut et qu'il n'appartient pas à un petit nombre d'hommes, dans *la période d'attente que nous vivons*, de décréter que c'est ici ou là seulement qu'elle peut brûler... »

8. « Nous estimions que, n'ayant rien à gagner à nous placer directement sur le terrain politique, de là nous pouvions, en matière d'activité humaine, user à bon droit du rappel aux principes et servir de notre mieux la cause de la révolution... »

L'attaque contre le Parti communiste avait un but : discréditer par avance les questions posées par Pierre Naville. Breton
feint de les prendre comme venant du Parti communiste lui-
même, alors que Naville fait toujours partie du groupe surréaliste. En venant plus précisément aux questions posées par
Naville, il déclare nettement :

« Dans le domaine des faits, de notre part aucune équivoque
n'est possible : il n'est personne de nous qui *ne souhaite* le
passage du pouvoir des mains de la bourgeoisie à celles du
prolétariat. *En attendant*[9], il n'en est pas moins nécessaire,
selon nous, que les expériences de la vie intérieure se pour-
suivent, et cela, bien entendu, sans contrôle extérieur même
marxiste. »

C'est une fin de non-recevoir à la demande d'engagement
dans la voie politique. Elle marque même un recul sur la
position antérieure : on *souhaite* le passage du pouvoir, etc., *en
attendant*, nous voulons poursuivre nos expériences en pleine
liberté.

Puis, Breton passe de nouveau à l'offensive. Partant d'une
fusion idéale des deux états subjectif et objectif, il justifie la
valeur de « certains mots-tampons » tel que le mot *Orient*. Il
fait de nouveau sur un plan moral, volontairement et uniquement sur ce plan, le procès du machinisme, apanage des
peuples occidentaux ; il conteste enfin que le salariat soit « la
cause efficiente de l'état de choses que nous supportons »
Finalement, il nie l'existence d'une antinomie foncière à la
base du surréalisme. En vérité, dit-il, il y a deux problèmes
différents : celui de la connaissance « qui s'est posé électivement à nous », et celui de l'action sociale à mener, dont il ne
veut et ne peut se désintéresser, mais dont il laisse la solution à
d'autres :

« Les deux problèmes sont essentiellement distincts et nous
estimons qu'ils s'embrouilleraient déplorablement à ne pas
vouloir le rester. Il y a donc lieu de s'élever contre toute
tentative de fusion de leurs données, et très spécialement
contre la mise en demeure d'abandonner toutes recherches de
l'ordre des nôtres pour nous consacrer à la littérature et à l'art
de propagande. »

9. C'est nous qui soulignons.

A la vérité, Breton répond à côté de la question : on ne lui demandait pas d'abandonner le surréalisme pour une littérature de propagande, mais de l'orienter sur les voies d'une *action* révolutionnaire.

Peut-être y avait-il ingénuité de la part de ceux qui voulaient le mettre en demeure de choisir ? Du moins cette sommation a-t-elle l'avantage d'aboutir à une position nettement définie : sympathie active à la Révolution prolétarienne, obéissance à ses ordres quand le moment sera venu ; « en attendant », sur le plan de l'esprit, continuation de l'activité habituelle de recherche et de mise à jour de l'inconscient, volonté d'unir cet inconscient au conscient dans l'accession à une réalité supérieure et, sur le plan social : résolution de problèmes moraux en fonction de l'individu libre.

2. « *Au grand jour* »

« Voici venir l'heure où les mers de chaude colère vont remonter le courant glacé des fleuves, déborder, féconder à grandes brasses un sol sclérosé, pétrifié, arracher les frontières, emporter les églises, nettoyer les collines de suffisance bourgeoise, décapiter les pics d'insensibilité aristocratique, noyer les obstacles que la minorité des exploiteurs opposait à la masse des exploités, rendre à son devenir l'humanité en la libérant des institutions périmées, des peurs religieuses, de la mystique patriotarde et de tout ce qui fait et divinise les maux du plus grand nombre au profit des requins à deux pattes, de leurs rombières et de toute la clique. »   René Crevel.

Les numéros 6, 7, 8 (1er mars, 15 juin, 1er décembre) de *la Révolution surréaliste* de cette année 1926 ne laissent rien

paraître du débat qui a agité pendant tout ce temps le groupe.
Récits de rêves, textes, reproductions de dessins et de peintures,
poèmes, essais, en constituent le contenu ordinaire. Les procla-
mations, autrefois si nombreuses, sont désormais absentes. Il
semble qu'après le pas de route fait en commun avec *Clarté* le
surréalisme ait besoin de revenir sur lui-même, de réfléchir sur
ses limites, en même temps qu'il approfondit sa substance.

Il suscite de curieux adeptes, comme ce Gengenbach qui est
venu entre-temps apporter au groupe le spectacle de son pitto-
resque troublant. Abbé chez les Jésuites de Paris, il s'éprend
d'une actrice de l'Odéon et fréquente en sa compagnie restau-
rants et dancings. Défroqué par son évêque, il perd son amie
qui ne l'aimait qu'en soutane et tombe par hasard sur un
numéro de *la Révolution surréaliste* au moment où il pensait
mettre fin à ses jours. Il ne se jette donc pas dans le lac de
Gérardmer où il s'était rendu pour mettre son projet à exécu-
tion, mais entre en contact avec Breton et ses amis. On le voit
au *Dôme*, à *la Rotonde*, un œillet à la boutonnière de la
soutane qu'il a revêtue à nouveau par provocation, une femme
sur les genoux, pris à partie par les bien-pensants qu'il prend
plaisir à scandaliser. Il partage son temps entre une vie mon-
daine scabreuse, le repos chez une artiste russe à Clamart, et la
retraite à l'abbaye de Solesmes. Certains ayant pensé à un
retour de l'Enfant prodigue dans le giron de la Sainte Eglise,
Gengenbach les détrompe dans une lettre à Breton :

« J'ai l'habitude d'aller plusieurs fois par an me reposer et
me remplumer chez les moines... et l'on connaît, dans le milieu
surréaliste, mon goût prononcé pour les fugues dans les
monastères... Quant au costume ecclésiastique, je le porte en ce
moment par fantaisie, parce que mon complet-veston est
déchiré... j'y trouve aussi une certaine commodité pour ébaucher des aventures amoureuses sadiques avec des Américaines
qui m'emmènent la nuit au Bois...

« Je n'ai trouvé *aucune solution*, aucun détour, aucun pragmatisme acceptable. Il me reste la foi au Christ, les cigarettes,
et les disques de jazz qui me passionnent — *Tea for two,
Yearning* —, il me reste surtout le *surréalisme*. »

Cet individu curieux finira tout de même mal. Essayant de
concilier christianisme et surréalisme, après avoir écrit
quelques ouvrages comme *Judas ou le Vampire surréaliste* (à

l'enseigne de l'Aigle noir, Paris 1930) et *Satan en Espagne,* il
verra en Breton une nouvelle incarnation de Lucifer et dénon-
cera les surréalistes comme des « possédés démoniaques cons-
cients ou des démons incarnés ». L'exorcisme, ajoute-t-il, est
« malheureusement relégué dans un lointain Moyen Age »,
mais il garde l'espoir que « la souffrance, les épreuves de la
vie, les drames jetteront peut-être un jour aux pieds du crucifix
ces conquistadors de l'Enfer ». Malheureusement « aucun
argument de théologien ne convaincra un surréaliste, seul
l'amour d'une sainte, passionnément désirée, pourrait transformer un surréaliste [10] ».

Nous gardons l'idée que, malgré son retour sincère « à la foi
de son enfance », l'abbé Gengenbach dut être regardé avec
curiosité par ses supérieurs.

Le surréalisme continue donc. Pierre Naville, qui n'a pu le
faire évoluer vers une position politique conséquente, prend un
« congé sourd » et devient co-directeur de *Clarté* où il continue
d'ailleurs à publier les essais et poèmes de ses amis. Aragon,
Breton, Eluard, Péret, Unik, ébranlés malgré tout par son
argumentation, décident de donner des gages à la position qu'il
défend en adhérant au Parti communiste. Détermination
curieuse après ce que nous avons dit de l'intraitabilité de
Breton quant à l'autonomie du surréalisme.

Auraient-ils franchi le pas ? Non. Ils veulent montrer que la
peur de l'action ne les retient pas. En donnant leur adhésion au
Parti communiste, ils en administrent la preuve. Comme, toutefois, ils ne veulent ni ne peuvent devenir des militants politiques, leur passage est formel et n'a qu'une valeur de manifestation, sincère et réfléchie certes, mais à laquelle le Parti communiste, en les admettant dans son sein, ne se laisse pas
prendre. Quand il leur demandera d'abjurer ce qu'il considère,
lui, comme une hérésie (l'attitude surréaliste, dont nous avons
essayé de dégager les composantes), ils se cabreront et parti-
ront. Pour l'instant, ils veulent donner à leur adhésion sa
pleine valeur ; ils la voient « dans la logique » de leur attitude
surréaliste, ils cherchent à y rallier leurs camarades, en même
temps qu'à se garder d'une emprise totalitaire du Parti com-

10. E. Gengenbach, *Surréalisme et christianisme.*

muniste. D'où explications avec les uns et les autres, échanges de lettres, prises de position, mises en demeure qui constituent la brochure : *Au grand jour* (1927).

On y prend acte de la crise qui sévit dans le groupe et on proclame en même temps le désir d'y mettre fin. Pour cela, d'après Breton, il suffit d'éclaircir un certain nombre de problèmes et d'expliciter les positions.

Le surréalisme n'a rien perdu de sa rigueur, telle est la première constatation ; les Cinq (Aragon, Breton, Eluard, Péret, Unik) rendent en effet publique l'exclusion d'Antonin Artaud et de Philippe Soupault l'année précédente (novembre 1926), pour incompatibilité de buts : du moment que les exclus reconnaissaient une valeur à l'activité littéraire ils n'ont plus rien à faire dans un groupement qui en a proclamé la vanité. C'est sur de tout autres conceptions qu'était fondé le pacte surréaliste. Il apparaît toutefois qu'il ne suffit plus de proclamer ces conceptions, ni même de les vivre, il faut aller plus loin : il faut adhérer au parti de la Révolution. C'est ce qu'ont fait les Cinq : ils l'annoncent publiquement et, dépassant leur position individuelle, c'est la sympathie du mouvement entier pour cette organisation politique qu'ils engagent [11]. A tort, semble-t-il, puisqu'ils constatent que quelques-uns de leurs amis « font semblant de ne pas comprendre », notamment les surréalistes belges Paul Nougé et Camille Gœmans qui leur écrivent : « Vous avez cru devoir adhérer au Parti communiste. Personne n'a compris le sens véritable de cette démarche. L'on tente de vous réduire. » Les Cinq leur répondent que leur démarche est pourtant toute naturelle, et que d'ailleurs, il y avait plus de danger à refuser de l'accomplir qu'à expliciter une fois de plus leur position [12]. Simple argument d'opportunité donc ; qu'ils réitèrent à l'adresse de leurs

11. « Si par ailleurs, et seulement en fonction de nos humeurs respectives, nous n'avons pas tous cru devoir adhérer au Parti communiste, du moins, nul d'entre nous n'a pris à sa charge de nier la grande concordance d'inspirations qui existe entre les communistes et lui... »

12. « Nous avons adhéré au Parti communiste français estimant avant tout que de ne pas le faire pouvait impliquer de notre part une réserve qui n'y était point, une arrière-pensée profitable à ses seuls ennemis (qui sont les pires d'entre les nôtres)... »

camarades réticents du groupe français. Ils ajoutent qu'ils voient dans leur propre adhésion la « seule sauvegarde idéologique » de l'idée surréaliste. L'anarchisme pur est devenu d'après eux stérile, parce qu'inefficace. Il demande à être dépassé par la soumission à un élément extérieur certes, mais capable de donner son sens à la protestation pure, de la rendre valable. Ils désirent que cette divergence d'attitude ne compromette pas le travail commun, plus nécessaire que jamais, et qui réclame un effort de l'ensemble des forces surréalistes.

Est-ce à dire qu'on soit tout à fait d'accord et sur tous les plans avec les politiques ? Non. Dans le camp des amis proches, à *Clarté,* on semble faire assez bon marché de la collaboration surréaliste. « Pourquoi, demandent-ils à Marcel Fourrier, ne sommes-nous utilisés que pour une « besogne littéraire » ? Est-ce ainsi que vous comprenez la spécialisation ? Nous ne serions tout au juste bons qu'à agrémenter les pages politiques arides de *Clarté* ? D'autre part, pourquoi vous montrez-vous si timides à prendre notre défense ? Si même nous avons besoin d'être défendus contre l'étroitesse d'esprit de militants qui n'apprécient pas le message de libération humaine que leur ont transmis Sade et Lautréamont, pourquoi ne nous défendez-vous pas ouvertement et responsablement, et en connaissance de cause, puisque nous ne sommes pas des inconnus pour vous ? »

Pierre Naville apparaît comme le destinataire principal de ces *lettres* [13]. Il fait toujours — au moins nominalement — partie du groupe et comme il a le mieux réalisé ce passage à l'action politique qui reste douée d'un grand prestige auprès des Cinq (qui ne veulent pourtant pas abandonner leurs idées antérieures), c'est surtout auprès de lui qu'on prend conseil, c'est surtout lui qu'on objurgue. On rappelle le passé commun ; et c'est au nom de ce passé qu'on s'excuse, qu'on veut s'expliquer. Certes, les positions sont différentes, puisque Naville a rompu *en fait* avec le mouvement, et que les Cinq prétendent le continuer. Ils reconnaissent maintenant que lui seul a posé la question et l'a bien posée. Toutefois, ils ne peuvent se livrer au sacrifice qu'il a consenti en passant à l'action politique. Ils ne

---

13. « Ce n'est pas sans penser à vous que nous écrivons ces Lettres. » (Lettres à P. Naville.)

se tiennent pas pour libres de l'effectuer[14]. Et s'ils reconnaissent en partie, le bien-fondé de ses arguments, ils en
viennent aux reproches, vrai but de la Lettre. De quoi Naville
est-il coupable ? D'avoir laissé entendre qu'il n'y avait pas
compatibilité entre le marxisme et le surréalisme. Ce qui sous-
entendrait que celui-ci veut se faire passer pour une doctrine
positive de Révolution, ambition que les surréalistes ont toujours repoussée depuis 1925. On le prie donc de remettre les
choses au point. Mieux que personne, il sait que le surréalisme,
attitude révolutionnaire de l'esprit, dépasse infiniment les
recettes politiques en vue de la Révolution[15].

Après les amis proches, les amis plus lointains : les communistes du P. C. F. dont on est venu partager les espoirs. Ce sont
des amis soupçonneux, à qui il importe de donner des apaise-
ments : « Jamais, nous y insistons de toutes nos forces, nous
n'avons songé à nous affirmer devant vous en tant que surréalistes. » Pourquoi alors ces manœuvres dont les surréalistes
sont victimes à l'intérieur du Parti ? Pourquoi cet abandon
dans lequel on les laisse, alors que *L'Humanité* publie des
nouvelles de M. Blaise Cendrars, auteur de *J'ai tué*, et dont le
moins qu'on puisse dire est qu'il n'est pas communiste, ou des
feuilletons de M. Jules Romains où l'on trouve « glorification
du crime, de la sottise, de la lâcheté » ?

Après ces mises au point, ces explications, ces demandes
d'explications, la situation ne s'éclaircit pas. Si, à l'intérieur du
mouvement, les Cinq ont pu facilement faire admettre leur

14. « Il y a Pierre Naville qui évolue, sans risque connu, dans les
milieux d'idées qu'il veut, et nous qui, en général, aurions tout à
perdre à cette précipitation... Des craintes nous prennent encore, qui
commande ici et là ? Qui répond à chaque minute de la suffisance
de ce qui est entrepris ?... Dans votre brochure *la Révolution et les
Intellectuels*, vous avez été le premier à poser la question que nous
débattons ici. Vous avez été mis, à cette occasion, à l'épreuve de
l'incompréhension et de la routine. Il n'est pas jusqu'à des esprits
traversés de lueurs révolutionnaires qui n'aient été jusqu'à vous
reprocher le sacrifice que vous avez consenti... »

15. « Il est regrettable que vous ayez dû laisser se produire dans
Clarté ou à l'occasion de *Clarté* une équivoque touchant le surréalisme qui n'en présente point pour vous. Cette équivoque est celle
qui tend à faire passer le surréalisme pour une déformation a priori
du marxisme... Il nous faut aussi constater l'insistance qu'on met à
présenter le surréalisme comme une doctrine politique positive... »

position, ils ne rentrent pas en grâce auprès du Parti communiste qui ne leur pardonne pas leurs critiques, et, qui, malgré
leurs dénégations, s'obstine à les tenir pour les champions
d'une hérésie politique et culturelle qu'il ne cessera de leur
demander d'abjurer.

L'activité surréaliste en tant que telle subit le contrecoup de
ces discussions. Pendant l'année 1927 paraît un seul numéro de
la Révolution surréaliste (1er octobre), un Manifeste à propos
de Rimbaud : *Permettez !* et *l'Introduction au Discours sur le
peu de Réalité,* d'André Breton.

Il semble même qu'on assiste à un repliement sur soi du
surréalisme. Ayant fait sans équivoque une part à l'activité
politique en tant que telle, il désire resserrer les bras autour du
trésor autonome qu'il a découvert, et le choyer d'autant plus
que sa valeur semble contestée par les plus proches amis politiques. Les surréalistes prétendent ne pas déchoir en voyant les
problèmes d'un peu plus haut, des hauteurs du plan moral.

C'est encore un problème moral qui est posé dans l'éditorial
de ce numéro 9-10 du 1er octobre 1927 : *Hands off Love* à
propos de Charlie Chaplin. Celui-ci a-t-il le droit de considérer
l'amour et de le pratiquer à sa façon, ou doit-il se faire
l'esclave de sa femme qui lui intente un procès en divorce
parce qu'il est « infidèle » et ne veut pas d'enfant ? Les
surréalistes prennent vigoureusement parti pour Charlot. Sa
liberté de mœurs et d'esprit les enchante. En dénonçant sa
femme, ils font du même coup le procès de l'amour bourgeois
confiné aux règles du mariage [16].

La recherche proprement surréaliste se poursuit : à côté des

16. « Elle croyait dénoncer son mari, la stupide, la vache. Elle
nous apporte simplement le témoignage de la grandeur humaine
d'un esprit qui, pensant avec clarté, avec justesse tant de choses
mortelles dans la société où tout, sa vie et jusqu'à son génie, le
confinent, a trouvé le moyen de donner à sa pensée une expression
parfaite et vivante, sans trahison à cette pensée, une expression dont
l'humour et la force, dont la poésie prend tout à coup
sous nos yeux un immense recul à la lueur de la petite lampe
bourgeoise qu'agite au-dessus de lui une de ces garces dont on fait
dans tous les pays les *bonnes* mères, les *bonnes* sœurs, les *bonnes*
femmes, ces pestes, ces parasites de tous les sentiments et tous les
amours... »

« visions de demi-sommeil » de Max Ernst, des rêves d'Aragon et de Naville, Robert Desnos trace le *Journal d'une apparition* qui vient lui rendre visite toutes les nuits, du 16 novembre 1926 au 16 janvier 1927. Les surréalistes continuent en outre à ressusciter des poètes inconnus, tel Xavier Forneret, sauvé grâce à eux d'un oubli qu'il ne méritait pas [17]. Des poèmes de Paul Eluard (*Défense de savoir*), de Raymond Queneau (*Le Tour de l'ivoire*), de Jacques Baron, de Fanny Beznos, découverte par Breton au Marché aux puces de Saint-Ouen où elle tient un éventaire, un texte de Benjamin Péret, la suite de l'enquête de Breton : « Le surréalisme et la peinture » forment la partie proprement surréaliste du numéro. Un inédit de Freud : « La question de l'analyse par les non-médecins » figure un rappel aux principes philosophiques du mouvement, tandis qu'Aragon exalte Héraclite, père de la dialectique. Et si Pierre Naville donne dans ce numéro *Mieux et moins bien* ce n'est pas par concession à des idées qu'il estime pour lui dépassées, mais pour inviter encore et toujours les surréalistes à sortir de leur domaine qui, malgré qu'ils en aient, lui semble exigu. Il y dénonce une fois de plus « les charmes de la psychologie individuelle », prend, sans le nommer, Breton à partie, lui qui a pu croire qu'*en attendant* il pouvait continuer à se passionner pour ses expériences propres [18], et, après avoir constaté que « cet élan vers les méthodes bolcheviques, que les surréalistes ont subi, malgré toutes les maladresses dont il s'est entouré, a été très mal accueilli », il entreprend de faire intervenir comme dénominateur commun à l'activité surréaliste et révolutionnaire « une notion cependant bien naturelle : le pessimisme » :

« Une certaine désespérance est le partage des esprits sérieux, non fatigués, durement appliqués à leur objet (presque

17. « Qui est Forneret ? Nous ne savons pas. C'est *l'Homme noir*... Forneret, un homme que nous avons rencontré dans les ténèbres et à qui nous avons baisé les mains. »
18. « Ce n'est pas *en attendant* que *Rimbaud fréquenta de la cruelle manière que l'on sait* la côte des Somalis, ce n'est pas en attendant que Lautréamont a si magnifiquement démantelé la Logique, ce n'est pas non plus en attendant que Berkeley ou que Locke — ou que Hegel — ont filtré cette incandescence tragique où se résout leur monde ; cela nous le savons... »

toujours à eux-mêmes) de tous ces âges... Le vague à l'âme, la faiblesse de tempérament, la fantaisie, le dépit, sont hors de cause. Nous parlons du sens humain, c'est-à-dire somme toute vivant, de la désertion et de la perdition... Le pessimisme est à l'origine de la philosophie de Hegel, et il est aussi à la source de la méthode révolutionnaire de Marx... »
ce qui lui permet de dénoncer comme entachés « d'optimisme définitif » les productions et objurgations de M. Drieu la Rochelle (qui regrette en le surréalisme « l'avortement d'un beau mouvement artistique »), l'humanisme en général, et « l'intelligence en particulier de M. Paul Valéry [19] ».

C'est le dernier article que donnera Pierre Naville à *la Révolution surréaliste*. Ses efforts d'élucidation d'un fonds commun révolutionnaire ne permettent pas aux surréalistes de passer plus facilement sur les rails d'une action politique conséquente. A partir de là, les chemins divergent, inexorablement.

Sur le plan qu'ils se sont réservés, les surréalistes ne dédaignent pas encore les coups de boutoir. Témoin ce Manifeste : *Permettez !* rédigé par Raymond Queneau et signé du groupe entier y compris Naville, à propos de l'érection à Charleville, dans le fameux square de la gare, d'une statue à Arthur Rimbaud. Queneau rappelle à « Messieurs les Représentants des Ardennes, M. le Maire de Charleville, MM. les Notables, M. le Président de la Société des Poètes ardennais » qui était vraiment Rimbaud, n'ayant pour ce faire qu'à puiser dans les œuvres où le poète exprime son défaitisme, son horreur de la France et du fameux « goût français », sa rage destructrice envers l'Eglise, son mépris du travail et de la culture, son

19. « Toujours l'humanisme. Toujours le ridicule besoin de relire ses phrases, toujours l'incapacité de dépasser vraiment les bornes assignées à notre besoin de « syllogismes démoralisateurs », c'est-à-dire de tenir compte une fois pour toutes les autres de ces bornes... L'organisation du pessimisme est vraiment un des « mots d'ordre » les plus étranges auquel puisse obéir un homme conscient. C'est cependant celui que nous réclamons de lui voir suivre. Cette méthode, si l'on peut dire, et l'on dirait plus justement cette tendance, nous permet et nous permettra peut-être encore d'observer la plus haute partialité, celle qui nous a toujours retranchés du monde ; elle nous empêchera du même coup de nous fixer, de dépérir, c'est-à-dire que nous maintiendrons aussi permanent notre droit à l'existence dans ce monde... »

« communardisme » enfin. Ce qui lui permet de conclure :

« La statue qu'on inaugure aujourd'hui subira peut-être le même sort que la précédente. Celle-ci, que les Allemands firent disparaître, dut servir à la fabrication d'obus et Rimbaud se fût attendu avec délices à ce que l'un d'eux bouleversât de fond en comble votre place de la Gare ou réduisît à néant le musée dans lequel on s'apprête à négocier ignoblement sa gloire. »

Sur le plan de la recherche proprement surréaliste, Breton publie, cette même année, l'*Introduction au Discours sur le peu de Réalité,* où il émet des idées appelées au plus grand développement. Elles ne sont pas neuves chez lui puisque l'essai dut être rédigé dès 1924. Il y posait pourtant déjà le problème des « objets surréalistes » :

« Une de ces dernières nuits, *dans le sommeil,* à un marché en plein air qui se tenait du côté de Saint-Malo, j'avais mis la main sur un livre assez curieux. Le dos de ce livre était constitué par un gnome de bois dont la barbe blanche, taillée à l'assyrienne, descendait jusqu'aux pieds. L'épaisseur de la statuette était normale et n'empêchait en rien cependant de tourner les pages du livre qui étaient de grosse laine noire. Je m'étais empressé de l'acquérir et, en m'éveillant, j'ai regretté de ne pas l'avoir près de moi. Il serait relativement facile de le reconstituer. J'aimerais mettre en circulation quelques objets de cet ordre, dont le sort me paraît infiniment problématique et troublant... »

Après avoir proposé quelques exemples de ces constructions de l'imaginaire qu'on pourrait rendre réelles, il ajoutait :

« Les créations poétiques sont-elles appelées à prendre bientôt ce caractère tangible, à déplacer si singulièrement les bornes du soi-disant réel ? Il est désirable que le pouvoir hallucinatoire de certaines images, que le véritable don d'évocation que possèdent, indépendamment de la faculté de se souvenir, certains hommes ne soient pas plus longtemps méconnus... Je prétends que *ceci* est, tout autant que *cela,* c'est-à-dire ni plus ni moins que le reste.

« Il n'est rien selon moi d'inadmissible... »

3. L'année des réalisations

> « Il faut battre sa mère pendant qu'elle
> est jeune. » Paul Eluard-Benjamin Péret.
> *(Proverbe surréaliste)*

L'année 1928 est, dans l'évolution du surréalisme, une année calme. Point de frictions apparentes dans le groupe. En l'absence d'événements capables de susciter à nouveau les questions débattues au cours des trois années précédentes, le courant surréaliste a rejoint son lit et s'y tient. C'est l'année des réalisations : publication par Breton de *Nadja* et du *Surréalisme et la Peinture,* exposition générale des œuvres surréalistes au « Sacre du Printemps », exposition Marx Ernst chez Bernheim Georges. Il semble que l'ère des dures batailles soit terminée. Le surréalisme a finalement conquis droit de cité. Il est admis comme mouvement d'avant-garde, il a réalisé des œuvres qui se voient et se lisent, son audience est assez large, son influence, surtout sur les jeunes, non négligeable. Il n'a pas peu contribué à changer le climat de la peinture et de la poésie. Des revues de jeunes disciples paraissent, où les idées surréalistes constituent déjà un fonds commun, tel ce *Grand Jeu* dirigé par R. Gilbert-Lecomte, René Daumal, Roger Vailland et Joseph Sima et qui, se retrempant aux mêmes sources, se réclame également de Rimbaud « mystique, occultiste, révolutionnaire, poète » et annonce :

« Il s'agit avant tout de faire désespérer les hommes d'eux-mêmes et de la société. De ce massacre d'espoirs naîtra une Espérance sanglante et sans pitié : être éternel par refus de vouloir durer. Nos découvertes sont celles de l'éclatement et de la dissolution de tout ce qui est organisé, etc. »

Dans le numéro de l'été 1928, R. Gilbert-Lecomte pose la question déjà formulée par les surréalistes : « Depuis

Rimbaud, tous les écrivains, les artistes qui ont pour nous quelque valeur... ont-ils eu un autre but que la destruction de la « littérature » et de « l'art » ? Dans un avant-propos [20] il proclame :

« Nous nous donnerons toujours de toutes nos forces à toutes les révolutions nouvelles. Nous ne sommes pas individualistes... »

Le Grand Jeu n'est pas prisé par les surréalistes. Il semblait que ces jeunes se tinssent en deçà de la position à laquelle les surréalistes étaient parvenus. On y parlait un peu trop de « mysticisme », on appelait un peu trop à soi les grands mystiques, les grands initiés, on y mélangeait un peu trop Platon, Hegel, Bouddha, le Christ, Balzac, Rimbaud et Saint-Pol-Roux. On était, en bref, encore un peu trop près de la littérature. Et que signifiait d'autre part cette lettre de Roland de Renéville à Saint-Pol-Roux :

« Nous croyons que tous les chemins mènent à Dieu et que notre tâche est de retrouver l'unité perdue... Vous avez dit, ajoutait R. de Renéville : « La Beauté étant la forme de Dieu, il appert que la chercher induit à chercher Dieu et que la montrer c'est le montrer... »

Après un instant d'espoir fraternel en ces jeunes, les surréalistes s'en détournent. La question est ailleurs. Et si Breton revient, dans le *Second Manifeste,* à l'occultisme, aux Initiés, il y a loin de sa démarche à celle de ces « chercheurs de Dieu [21]. »

Les surréalistes préfèrent s'attaquer à des problèmes concrets — la fréquentation des révolutionnaires politiques leur avait au moins apporté ce besoin — comme l'amour par exemple, et essayer, au travers d'une large discussion, de leur donner une solution provisoire. Ces « Recherches sur la sexualité, part d'objectivité, déterminations individuelles, degré de conscience » sont publiées sous forme de procès-verbal de discus-

20. « Signé en accord complet par Cramer, René Daumal, Artur Harfaux, Maurice Henry, Pierre Minet, Rolland de Renéville, Josef Sima, Roger Vailland. »
21. N'accepteront guère de collaborer avec eux que Ribemont-Dessaignes qui, après Dada, ne fut jamais surréaliste, et Robert Desnos.

sion dans l'unique numéro de *la Révolution surréaliste* de l'année 1928.

L'amour, au même titre que la révolution, était une des inspirations fondamentales des surréalistes. Leurs attaques réitérées contre la société venaient aussi de ce que cette dernière ne permettait pas la réalisation complète et libre d'un désir non moins exigeant que la faim. Freud avait fait de la libido le moteur essentiel du comportement, et jugeait, d'après l'examen de ses malades, que les métamorphoses que lui imposait la société étaient loin d'être profitables à l'individu. En ce sens, il avait fait descendre l'amour du piédestal littéraire, non en l'amoindrissant certes, mais en révélant au contraire son empire. Les surréalistes qui ont, plus que tous autres, magnifié l'amour (et la femme) avaient l'ambition de passer outre au domaine psychologique où il se trouvait immémorialement enfermé et de le clouer lui aussi sur la table de dissections. C'est de ce point de vue qu'il faut juger leurs discussions, menées avec l'objectivité et la franchise désirables, au moyen de questions et réponses fusant dans une atmosphère assez joyeuse. Dépassant le niveau des simples confessions, on faisait passer sur le plan du conscient des richesses multipliées par les confrontations individuelles [22].

Les surréalistes célébraient également le cinquantenaire de l'hystérie. Cette curieuse maladie qui déferla soudain dans les années 1878, entretenue si ingénument par Charcot lui-même, pouvait à bon droit être qualifiée par Breton et Aragon de « plus grande découverte poétique du XIXe siècle ». Comment se présentait-elle en effet ? Comme une attitude mentale pathologique, en dehors de toute lésion organique, suscitée souvent par le seul pouvoir de la suggestion, disparaissant de même, comme le prouve plus tard Babinski. « Complexe et protéiforme », elle échappait, selon Bernheim, à toute définition. Elle constitua le point de départ des découvertes d'un des plus doués des élèves de Charcot : Freud. Les surréalistes l'annexent

22. Deux séances eurent lieu, les 27 et 31 janvier 1928. Les interrogatoires sont menés par chacun à tour de rôle. On y discute : le degré dans lequel l'homme se rend compte du plaisir de la femme, l'amour entre femmes, entre hommes (cette dernière forme condamnée presque unanimement, Breton en tête), l'onanisme, les jouissances par succubes, la prostitution, les perversions, etc.

à leur domaine en tant que manifestation « d'attitudes passion-
nelles » infiniment troublantes, la font évader du domaine
pathologique où elle avait été confinée pour en faire un moyen
suprême d'expression [23].

Le numéro de *la Révolution surréaliste* de 1928 où sont
évoqués les problèmes dont nous venons de parler contient en
outre des fragments du *Traité du style* d'Aragon, de *Nadja* de
Breton, un texte automatique de Queneau, un récit de rêve de
Morise, un « conte » de Péret, quelques poèmes de Desnos et
d'Aragon, une lettre à Breton de Jean Genbach en traitement
dans un hôpital militaire pour fugue pendant le service, et tout
empêtré dans ses amours terrestres et démoniaques. Ajoutons-y
un texte d'Antonin Artaud (vomi par le groupe et Breton en
particulier quelques années plus tôt) avec cette curieuse
note :

« Il ne manquera pas de bonnes pâtes pour s'indigner de
voir au sommaire du présent numéro les noms d'Antonin
Artaud et Roger Vitrac [24]... Nos contradictions doivent être
considérées comme le signe de ce mal de l'esprit qui peut
passer pour notre dignité la plus haute. Répétons que nous
croyons à la puissance absolue de la contradiction. »

Retour offensif du dadaïsme ?

Deux œuvres maîtresses du surréalisme paraissent en cette
année 1928 : *le Traité du style* d'Aragon, *Nadja* de Breton. Elles
expriment au mieux la personnalité de leur auteur, elles sont
le témoignage de ce qu'a pu donner le surréalisme, elles ne
sont pas non plus inutiles à l'histoire des conceptions fondamentales du mouvement.

Le titre de l'ouvrage d'Aragon est volontairement paradoxal.
Les surréalistes, se préoccuper du style ? N'en avaient-ils pas
fait fi et avec assez de tapage ? Pourtant, le contenu de
l'ouvrage répond à son titre. Ce n'est certes pas un manuel du
« savoir-écrire » et ses premières lignes rassureront à ce sujet

---

23. Et en donner la définition suivante : « L'hystérie est un état
mental plus ou moins irréductible se caractérisant par la subversion
des rapports qui s'établissent entre le sujet et le monde moral duquel
il croit pratiquement relever, en dehors de tout système déli-
rant. »

24. Egalement exclu du mouvement.

les exigeants [25]. C'est d'abord, à l'encontre de la définition :
« Le surréalisme se définit par ceux qu'il défend et par ceux
qui l'attaquent », une agression motivée contre la littérature de
l'époque et ses thuriféraires, une pulvérisation des modes intellectuelles des années 1925-1928 :

« Noms de clowns qui me viennent à l'esprit : Julien Benda,
M. Thiers, Gœthe, Paul Fort, l'abbé Bremond, l'auteur de
Rien que la Terre, Raymond Poincaré, Gyp, le pasteur Soulié,
André Maurois, Ronsard, Julien Benda très spécialement.

» Le baron Seillères est plutôt un palefrenier...

» André Gide n'est ni un palefrenier ni un clown, mais un
emmerdeur. »

C'est à un véritable procès de son époque que se livre
Aragon. Il entreprend d'abord de fustiger la critique, la traditionnelle qui, munie d'un lumignon, s'en va à la découverte des
barbarismes, et l'avancée, celle que lui-même contribua à fonder quand il rendait compte des ouvrages surréalistes [26]. Mais
comment suivre un ordre dans ce jeu de massacre généralisé ?
Ce qu'il faut tout de même noter, c'est un retournement violent
d'Aragon contre tout ce qui a contribué à fonder le surréalisme et qu'on s'attendait donc à lui voir épargner. Nul
« sentiment » pour Dada, coupable de s'être vulgarisé en lieux
communs [27], dégoût profond pour toute la postérité de Rimbaud, revendiqué d'ailleurs par les gens les moins recommand-
ables. S'il existe un engouement universel pour Rimbaud, ce
ne peut être que le signe d'une profonde vulgarité [28]. Puis ce

25. « Faire en français signifie chier. Exemple : ne forçons pas
notre talent, nous ne *fairions* rien avec grâce. »
26. « Les jeunes lampes à huile de la critique sont plus séraphins,
plus filasses. S'ils vous parlent d'*Hernani*, vous pourriez vous fouil-
ler pour connaître le nom de Doña Sol... Les auteurs de comptes
rendus se croiraient déshonorés si, comme ils le doivent, ils racon-
taient le sujet du livre... »
27. « C'est ainsi que tout le monde se mit à penser que rien n'en
vaut la peine, que deux et deux ne font pas nécessairement quatre,
que l'art n'a aucune espèce d'importance, que c'est assez vilain d'être
littérateur, que le silence est d'or. Banalités qu'on porte désormais à
la place des fleurs autour de son chapeau... »
28. « Pas un sale petit-bourgeois qui renifle encore sa morve dans
les jupons de madame sa mère qui ne se mette à aimer les peintures
idiotes et ne s'écrie : « Trois jeunes filles nues, ce titre devant moi

sont tous les thèmes littéraires de l'époque qui sont impitoyable-
ment moqués, écrasés, vidés : le départ, l'aventure, l'évasion,
faces communes d'un optimisme universel, croyant à un « ailleurs », un au-delà, un paradis où il ferait bon vivre. Les
adorateurs de l'impasse eux-mêmes, les bavards du suicide, ne
trouvent pas grâce à ses yeux :

« Tuez-vous ou ne vous tuez pas. Mais ne traînez pas sur le
monde vos limaces d'agonie, vos charognes anticipées, ne lais-
sez pas passer plus longtemps de votre poche cette crosse de
revolver qui appelle invinciblement le pied au cul. N'insultez
pas au vrai suicide par ce perpétuel halètement... »

Et la solution religieuse, alors très à la mode avec Maritain,
Cocteau, Massis et autres ? Aragon la dénonce comme une
escroquerie, en tant que « solution au problème de l'existence »,
et l'accuse de mettre des innocents à la disposition des
« patrons de bordel à prier [29] » qui leur fournissent toutes
drogues nécessaires à l'assouvissement de vices très humains [30].

Il n'existe aucun paradis, et sur cette terre aucun espoir
d'atteindre jamais le bonheur : l'espoir est une attitude fausse
de l'esprit, en vue d'un état qui n'existe pas. Comment en

---

dresse, ma parole, des épouvantes. » Pas un ignoble petit rentier, pas
un fils d'officier, pas une graine de rond de cuir, pas un de ces
imbéciles heureux à qui on vient d'offrir une motocyclette pour le
jour de l'an, pas une fausse-couche élevée dans du papier de soie
pour qui Rimbaud ne soit un autre soi-même... L'occasion me
semble bonne pour dire que toute allusion à ce poème [*Bateau
ivre*] est le signe le plus certain de la vulgarité... »

29. Aragon *dixit*.

30. « Les diverses images de Jésus, du petit caleçon de la croix
aux flagellations jusqu'à l'invraisemblable Sacré-Cœur, tous les
martyrs, etc., quelle ample moisson pour les sadiques. Aux maso-
chistes les peines de l'enfer, la menace, le fouet permis. Aux féti-
chistes scapulaires, reliques, les jarretelles de Marie, les chaussures
des saintes. Toutes les inversions sans y penser, comme c'est com-
mode pour les gens honteux ! Que de vierges pour Lesbos, de Saints
Sébastiens pour Sodome !... Ainsi toutes les forces détournées
trouvent à l'église un emploi qui évite au monde le scandale. Les
maniaques de l'inaccomplissement se font les frôleurs de la divinité,
mais si votre tempérament le permet, quand l'hystérie aura fait son
œuvre, vous deviendrez des saints, vous souillerez vos pantalons
dans vos extases, vous entendrez des voix, vous toucherez même la
robe des anges... »

sortir ? Par *l'humour,* ennemi des solutions, de toutes les solutions, et qui les nie par son existence. Aragon se tourne même contre ceux sans l'enseignement desquels les surréalistes n'eussent pas vu le jour : Freud, Einstein :

« ... Donc Freud fardé outrageusement, dans une toilette suggestive, arpentant le bitume de la surprise, fait la retape des écrivains sur le retour... *Paul et Virginie* apparaîtrait de nos jours comme une nouveauté surprenante pourvu que Virginie fît quelques réflexions sur les bananes et que Paul distraitement s'arrachât de temps en temps des molaires... Il ne manque donc plus au psychiatre de l'Autriche que la consécration papale, avec conciliation thomiste de la psycho-analyse et du culte, pour qu'il soit cuit, cuit, comme un petit oiseau... »

Le polémiste dénonce plus vigoureusement encore l'usage abusif de leurs découvertes, la vulgarisation dans laquelle leur enseignement est tombé. L'ouvrage entier n'est-il pas d'ailleurs une attaque contre le vulgaire, contre ceux qui ramènent à leur petite mesure des idées qu'ils transforment en clichés, en lieux communs, contre ceux qui font de la littérature ?

Dans la deuxième partie de son ouvrage, Aragon explique et justifie le surréalisme, en essayant, là encore, de l'arracher des mains des vulgarisateurs :

« La légende règne qu'il suffit d'apprendre le truc, et qu'aussitôt des textes d'un grand intérêt poétique s'échappent de la plume de n'importe qui comme une diarrhée inépuisable. Sous prétexte qu'il s'agit de surréalisme, le premier chien venu se croit autorisé à égaler ses petites cochonneries à la poésie véritable... »

C'est qu'en réalité « dans le surréalisme tout est rigueur, rigueur inévitable ». Rigueur fondée avant tout sur le langage, c'est-à-dire en fin de compte sur les mots, sur leur sens, qui n'est pas celui du dictionnaire, mais qui éclôt de chaque syllabe, de chaque lettre [31].

Et voici le fond de la question, le sens de toute la diatribe d'Aragon : il ne veut pas que le surréalisme passe pour ce qu'il

---

31. « On sait, ou l'on devrait savoir, qu'ils portent sons dans chaque syllabe, dans chaque lettre, et il est de toute évidence que cet épellement des mots qui conduit du mot entendu au mot écrit est un mode de penser particulier, dont l'analyse serait fructueuse... »

n'est pas, un affranchissement des règles littéraires, alors qu'il
s'est placé en dehors de la littérature, qu'il n'a rien à voir avec
elle. Il voit bien où les critiques sont prêts à le ranger dans
leurs petites collections : après l'alexandrin classique, le romantisme, puis la poésie symboliste, le vers libre ; le surréalisme
apparaissant comme couronnement de la progression [32]. Contre
ce réinstallement de la littérature Aragon s'essaie à définir le
surréalisme. Pour lui, le surréalisme implique certaines idées
générales, une conception du monde d'où découlent des
méthodes qui lui donnent une « position particulière au milieu
des valeurs intellectuelles », et c'est parce que des poètes
comme Borel, Rimbaud et surtout Lautréamont, avaient une
telle conception du monde que le surréalisme les revendique
pour ses pères.

Il est vain de vitupérer la littérature si on ne sort pas soi-
même du plan de l'écriture. Toutes ces révoltes auxquelles se
plaisent les surréalistes, ce désir dont ils prônent la toute-
puissance, cette volonté de destruction radicale du monde et de
l'esprit, en vue d'édifier un nouveau monde et un nouvel esprit,
n'est-ce pas encore de la littérature ? A cette objection maîtresse répond finalement Aragon. Elle marque le point essentiel du débat [33].

Il remarque d'abord qu'en général : « On ne met guère
d'accord que des paroles bien sages avec des actes dépourvus
d'intérêts [34]. » Pourquoi s'arrêter là ? Pourquoi ne pas mettre
également en rapport les paroles présentes avec les actions
passées ? Et c'est finalement un débat philosophique qui
s'engage : dans quelle mesure mes paroles sont-elles à moi, et
mes actes dans quelle mesure les ai-je choisis ? Sans doute,
dans l'esprit du public, la question est-elle plus simple. Mais on
ne la poserait pas si les surréalistes étaient de quelconques

32. « Et puis je ne veux pas, tu m'entends multitude, que le texte
surréaliste non plus que le rêve, passe dans le compartiment des
formes fixes, comme un perfectionnement de liberté payant patente,
avec l'assentiment enregistreur des morveux qui trouvent déjà le vers
libre bassinant. Un pas en avant du vers libre ! Voici ce que les gens
aimeraient entendre dire du surréalisme ! »
33. « Ce qu'on nous reproche c'est de crier : *Tue !* et de nous les
rouler. »
34. « Ça ne va pas plus loin que : s'il pleut demain, je ne sors pas
de ma turne... »

amuseurs littéraires [35]. Il y a même certains actes qu'on ne leur demanderait pas de mettre en rapport avec leurs paroles pourvu que celles-ci n'aillent pas à l'encontre des idées reçues. S'ils soutenaient la propagande nationaliste et promettaient par exemple de passer tous les Allemands au fil de l'épée, leur demanderait-on compte de leur abstention au moment d'en venir aux actes ? On ne se fait donc pas constamment la même représentation du rapport pensée-actes [36], ou plutôt on estime qu'il est inutile que les « bonnes pensées » se réalisent en actes, tandis qu'on oblige ceux qui revendiquent, ceux qui pensent que « tout n'est pas pour le mieux dans le meilleur des mondes » à appliquer immédiatement leurs solutions, à incarner leurs propos anticonformistes, sous peine, s'ils ne le peuvent, de les discréditer. De cette façon on gagne à tous coups. La victoire sera complète si on arrive à persuader les révoltés eux-mêmes qu'ils feraient mieux de se taire, que leur révolte n'est pas sérieuse puisqu'elle ne sort pas des mots. Tomber dans le panneau, proclame Aragon, c'est se résoudre à ne plus protester contre quoi que ce soit, à garder le silence. Ainsi les actes seront-ils en rapport avec les paroles, ou plutôt l'absence d'actes avec l'absence de paroles ; et les conformistes ne désirent rien tant que cette perspective, pour eux rassurante [37].

On s'étonne qu'Aragon ait besoin de dévider cette longue chaîne de raisonnements. Ne lui suffisait-il pas de constater que l'écriture est une manifestation ? Comme la parole, comme

35. Ils pourraient eux, surréalistes, consentir à « être des ténors ou des barytons qui chantent n'importe quoi, ce que demande la société, mais qui le chantent bien s'entend, puis se taisent ; et on les paie, eh bien on nous payerait, on ne viendrait pas nous dire que notre vie ne ressemble pas à celle de Manon Lescaut. Adieu notre petite table... »

36. « Il est risible qu'on se fasse de la pensée cette idée qu'elle est immédiatement exécutoire et à tous les coups. Vous imaginez d'ici un homme qui en a violemment à tout ce qui l'entoure, ou peut s'en faut. Ça lui fait un sacré boulot avant de pouvoir seulement envoyer promener sa concierge ! »

37. « Cette conception a l'avantage appréciable d'imposer le silence à tous les gens qui pourraient protester contre quoi que ce soit. Tranquillisante perspective. Ils mettront gentiment leurs paroles d'accord avec leurs actes, et nous n'entendrons plus ces gros mots, ces injures qui finiraient par salir notre réputation... »

l'action, comme toutes les autres manifestations humaines, et qu'à des degrés divers, elles engagent l'homme qui s'y livre ? Il est vrai que les surréalistes prétendaient ne pas vouloir assumer la responsabilité de leurs écrits, mais ceci est une autre affaire...

Ce *Traité du style* est un document pour l'histoire et la compréhension du surréalisme. Il fait justice des jugements erronés à son égard, quand on veut le montrer comme cédant aux snobismes de l'époque, quand on veut le considérer comme un snobisme d'une certaine époque. En fait, le surréalisme ne s'est jamais tant battu que contre ce à quoi on voulait l'assimiler : le freudisme, la relativité, la gratuité dans la pensée et l'expression, l'idolâtrie de Rimbaud, le goût du suicide, la vaticination sans but et sans raisons, l'écriture automatique elle-même à laquelle Aragon assigne de strictes limites. C'est peut-être en effet qu'il faut dépasser sa surface, qui est tout cela, pour atteindre son noyau qui est plus que cela : une attitude de vie intransigeante, fondée sur une conception du monde et de l'homme qui n'est pas celle de l'époque, mais en avant d'elle.

Avec *Nadja,* voici l'antithèse du style polémique d'Aragon, à telle enseigne qu'on a pris l'œuvre de Breton pour un roman, qu'on lui a fait un succès en tant que tel. Les faits relatés semblaient en effet si difficilement croyables qu'on a préféré penser qu'ils étaient inventés. Or, rien d'imaginé dans *Nadja,* tout est parfaitement, rigoureusement vrai. Nadja a existé, plusieurs l'ont connue, son destin fulgurant et lamentable est bien celui que retrace Breton.

Une femme que Breton rencontre un jour, par hasard, dans la rue Lafayette, et qui, comme beaucoup de femmes dont il tombe amoureux, l'attire par des yeux « qu'il n'a encore jamais vus ». Elle se nomme : « Nadja, parce qu'en russe c'est le commencement du mot espérance, et parce que ce n'en est que le commencement. » « Qui êtes-vous ?... » demande Breton. « Je suis l'Ame errante. » Il semble qu'elle soit toujours et naturellement en ce que les spirites appellent un « état de voyance », dans une disponibilité parfaite et constante. Elle se raconte des histoires, et les vit : « C'est même entièrement de cette façon que je vis. » Après cette première entrevue, c'est une succession, une cascade de hasards : elle donne rendez-vous, elle ne vient pas, mais ils se retrouvent toujours, Breton et Nadja, dans des endroits inconnus, à des heures non convenues. Il semble que le destin les porte l'un vers l'autre, malgré qu'ils en aient. Les conversations se déroulent dans une atmosphère qui n'est plus normale, où Breton souvent perd pied. Ce qu'elle dit semble toujours venir d'un au-delà où elle vit naturellement. Elle a des visions, des hallucinations qu'elle fait partager à son compagnon ; elle vit dans d'autres époques, dans d'autres milieux, avec une précision étonnante ; elle emploie des expressions, fait miroiter des images qui sont dans un rapport étroit avec Breton (livre qu'il vient de lire, expressions qu'il a employées et qu'elle ne peut connaître, etc.). Elle semble posséder une influence inexplicable sur des personnes qu'elle trouble dans leurs gestes habituels. Elle dessine d'étranges compositions empreintes de significations mystérieuses, elle écrit des phrases incohérentes « qui lui dressent des épouvantes » : « La griffe du lion étreint le sein de la vigne » :

« J'ai pris, écrit Breton, du premier au dernier jour Nadja pour un génie libre, quelque chose comme un de ces esprits de l'air que certaines pratiques de magie permettent momentanément de s'attacher, mais qu'il ne saurait être question de se soumettre... »

Le poète ne peut bientôt plus la suivre : « Je n'ai peut-être pas été à la hauteur de ce qu'elle me proposait... » Il se dérobe peu à peu. Nadja devient folle. On l'enferme.

C'est une mince histoire, chargée d'un poids immense. C'est l'entrée dans la vie d'êtres qui sont au-delà de la vie ; c'est l'irruption des fantômes qui viennent donner naturellement la main aux vivants. Folie ? C'est vite dit. Et qu'est-ce que la folie ? En quoi la folie change-t-elle quelque chose aux faits rapportés ? En quoi explique-t-elle les hasards sans nombre et la réalisation des prédictions pour des événements qui ne dépendent d'aucun des partenaires ? Nadja est-elle devenue folle à partir du moment où on l'a enfermée ? L'était-elle avant ? Est-ce Breton qui, comme on le lui a reproché, a aggravé son état ? Qu'importe ! Au-delà des apparences, Nadja est un être qui vit désormais en nous, avec nous.

Il nous faut maintenant redescendre sur terre, en quête des

événements, des disputes, des controverses, de la vie journalière.

Dans cette même année 1928, des amitiés qui semblaient durables se défont, les hommes vieillissent et sont repris par leur ambition individuelle. L'air du surréalisme devient irrespirable pour certains. Ils le déclarent mort ou moribond et veulent jouer leur destinée propre, ce pour quoi ils se croient appelés. Les exclusions sont venues : Artaud, Soupault, Vitrac ; Desnos s'éloigne doucement ; Naville est en état de rupture. La collaboration avec *Clarté* se termine. Le Parti communiste fait de plus en plus grise mine à ses nouveaux adeptes. Nous assistons à la fin d'une période.

Breton et les amis qui lui restent ne s'amusent pas à replâtrer, à concilier. Bien au contraire.

Artaud, qui de son métier était acteur, se sent de plus en plus appelé par les feux de la rampe. Il monte, avec Robert Aron, le « Théâtre Alfred-Jarry » et y donne une pièce de Strindberg : *le Songe,* pour des motifs qui ne sont pas, d'après Breton, strictement artistiques. Puisqu'il est exclu du mouvement, Breton pourrait se désintéresser de son sort. Il n'en est rien : Breton s'insurge, il veut interdire la représentation. Elle a lieu quand même le 7 juin 1928, les organisateurs ayant dépêché la police sur leurs ex-amis. Tristes extrémités !

Pourtant, le surréalisme s'est fait désormais sa place. Qu'on le regrette ou non, il existe. Voici des livres, des toiles, un film même : *Un Chien andalou,* qui montrent son pouvoir créateur. Voici enfin l'exposition générale au « Sacre du printemps » qui marque la réalisation de ses efforts.

4. *La crise de 1929*

> « Que pourraient bien attendre de l'expérience surréaliste ceux qui gardent quelque souci de la place qu'ils occuperont dans le monde ? » André Breton.

On avait reproché à Breton son goût pour les excommunications majeures, exercées notamment contre Vitrac, Soupault,

Artaud. Il s'en félicite, et pour permettre à chacun de se faire une idée de l'intransigeance qu'il réclame de chaque membre du groupe, il publie l'ordre du jour d'exclusion d'Artaud et de Soupault, lors d'une assemblée tenue au café « le Prophète » fin novembre 1926. Cet ordre du jour portait entre autres points :

« Examen des positions individuelles : *a)* toutes ces positions sont-elles défendables d'un point de vue révolutionnaire ?... dans quelle mesure sont-elles tolérables ? »

En principe, il ne s'agit pas de différends personnels. Il s'agit du seul point de vue auquel se tiennent et veulent se tenir les surréalistes : comment certaines activités sont-elles conciliables avec le devenir révolutionnaire qui anime le groupe ?

La même question se pose en 1929, avec encore plus d'acuité. Il y a eu en effet entre-temps l'expérience de *Clarté* et l'adhésion au Parti communiste. En vue d'une nouvelle épuration, Breton calque désormais sa démarche sur celle des partis révolutionnaires : proposition d'action commune à des groupes ou individualités souvent éloignées idéologiquement, mais sur un programme qu'elles acceptent, et selon une discipline qu'elles s'engagent à suivre. A la façon du Parti communiste, il entend mettre au pied du mur certains individus dans lesquels il n'a plus confiance et qu'il pense ainsi démasquer, tandis qu'il vérifiera le degré de confiance qu'il peut encore accorder à d'autres.

Le 12 février 1929, une lettre est envoyée à un certain nombre de personnalités proches ou lointaines du surréalisme ou de la Révolution. Elle leur demande compte de leur position idéologique à ce moment, en vue d'une action individuelle ou collective qu'il s'agit de déterminer. Toutefois, en questionnant ses correspondants sur la sorte de gens avec qui ils désireraient mener une action commune [38], Breton risque de

---

38. Texte de la lettre envoyée : « 1° Estimez-vous que tout compte fait (importance des questions de personnes, manque réel de déterminations extérieures, passivité remarquable et impuissance à s'organiser des éléments les plus jeunes, insuffisance de tout appoint nouveau, et par suite accentuation de la répression intellectuelle dans tous les domaines) votre activité doit ou non se restreindre définitivement ou non à une forme individuelle ?

soulever de harassantes questions personnelles, et surtout à cette faveur, d'empêcher l'action commune qu'il propose [39].

Déjà, un certain nombre de personnalités pressenties ne répondent pas, ou « d'une façon qui les dispense d'assister à une séance ultérieure ». Ce sont des surréalistes exclus comme Artaud et Vitrac, ou momentanément en froid avec le mouvement comme Boiffard, Gérard, Leiris, Limbour, Masson, Souris, Tual ; des rédacteurs de *Clarté* comme Altman, Guitard, Morhange, Naville ; de *l'Esprit* (anciennement *Philosophies*) au complet, Bataille qui venait de fonder la revue *Documents* (où écrivaient Desnos, Leiris, Prévert), Boully rédacteur au *Grand Jeu*, P. de Massot, ancien dadaïste et précepteur des enfants de Picabia, Picabia lui-même.

Les autres sont convoqués à une séance qui se tiendra « le lundi 11 mars à 8 h 30 très précises, au « Bar du château » 53, rue du Château, angle de la rue Bourgeois ». On leur annonce en même temps, dans une lettre signée : Aragon, Fourrier, Péret, Queneau, Unik, les défaillants, et on leur propose « comme thème de discussion l'examen critique du sort fait récemment à Léon Trotsky ». Celui-ci en effet, après avoir été écarté du pouvoir par Staline, avait été exilé. Nul ne pouvait

---

« 2° Si oui, voulez-vous faire à ce qui a pu réunir la plupart d'entre nous le sacrifice d'un court exposé de vos motifs ? Définissez votre position.

» Si non dans quelle mesure considérez-vous qu'une activité commune peut être continuée ou reprise ; de quelle nature réelle serait-elle, avec qui désireriez-vous ou consentiriez-vous à la mener ?... »

39. Relevons les noms des personnes à qui elle est envoyée. Nous y trouvons naturellement tous les surréalistes de ce moment-là : Alexandre, Arp, Baron, Breton, Carrive, Caupenne, Crevel, Desnos, Duhamel, Eluard, Ernst, Genbach, Gœmans, Magritte, Malkine, Mesens, Miro, Morise, Nougé, Prévert, Man Ray, Sadoul, Tanguy, Thirion, Artaud (exclu), Boiffard, Gérard, Leiris, Limbour (en froid) ; les gens de *Clarté* : Bernier, Crastre, Fégy, Naville, Altman, Guitard ; les rédacteurs du *Grand jeu* : Daumal, Delons, Gilbert-Lecomte, Harfaux, Henry, Sima, Vailland, Boully ; les rédacteurs de *l'Esprit* : Guterman, Lefebvre, Morhange, Politzer ; d'anciens dadaïstes : Duchamp, Frœnkel, Ribemont-Dessaignes, Tzara, Picabia ; des sympathisants et des amis : Audard, Baldensperger, Bernard, Bousquet, Kasyade, Ristich, Savitry, Valentin, Vidal, Bataille.

suspecter ses sentiments révolutionnaires, et il était du devoir d'hommes qui prétendaient travailler pour la Révolution de se préoccuper du sort du compagnon de Lénine. A Pierre Naville qui, lui non plus, n'avait pas répondu, et dont on savait la profonde affection pour la personne de Léon Trotsky, une lettre particulière est envoyée, lui demandant de participer au débat, ne fût-ce qu'en qualité de témoin [40]. Naville ne répond pas. Finalement, seules seront récusées sept personnalités : Baron, Duhamel, Fégy, Prévert, Man Ray, Tanguy, Vidal, « en raison de leurs occupations ou de leur caractère ». Au jour et à l'heure dite se tient la réunion qui, sous la présidence de Max Morise, rassemble Alexandre, Aragon, Arp, Audard, Bernard, Breton, Caupenne, Crevel, Daumal, Delons, Duhamel (pourtant récusé), Fourrier, Gilbert-Lecomte, Gœmans, Harfaux, Henry, Kasyade, Magritte, Mesens, Queneau, Man Ray, Tanguy (bien qu'on ait cru bon de tenir « quittes » aussi ces deux derniers), Ribemont-Dessaignes, Sadoul, Savitry, Sima, Thirion, Unik, Vailland et Valentin.

Lecture est d'abord donnée des lettres reçues. Le ton des opposants les plus déclarés est donné par Georges Bataille : « Beaucoup trop d'emmerdeurs idéalistes.» Sont également contre l'action commune : Leiris, Masson, Guitard, Bernier, Genbach, Frænkel, Miro, Hooreman, tandis que d'autres se prononcent pour la poursuite pure et simple de l'activité surréaliste : Bousquet, Kasyade, Malkine, Savitry, Ernst. Dans sa lettre, Breton regrette que la violence, « seul mode adéquat d'expression passe au service d'intérêts particuliers tout à fait dérisoires et se dissipe dans des querelles stériles », tandis que Queneau marque l'insuffisance et le danger d'une action indivi-

---

40. « Quelle que puisse être pour vous la suffisance d'une activité qui s'exerce dans d'autres cadres, il ne peut pas vous échapper que votre abstention en cette circonstance implique à notre égard une désolidarisation d'autant plus regrettable que c'est l'attitude adoptée par des gens que nous avons toujours vu combattre... Comme il nous a paru particulièrement indiqué d'amener chacun à se prononcer sur un fait qui ne vous est pas indifférent (le sort fait récemment à Léon Trotsky), ne croyez-vous pas que, ne fût-ce qu'en qualité de témoin, l'auteur de « la Révolution et les Intellectuels » devrait se trouver présent ?... »

duelle qui ne peut retomber que dans le scepticisme et la poésie, alors que l'action collective est seule efficace et, dans ce but, doit être l'œuvre d'individus moralement propres [41]. Chacun peut se sentir visé et, en fin de compte, c'est bien ce qui va être agité : les questions personnelles. Le débat sur le sort fait à Léon Trotsky est écarté. « Il faut d'abord, dit Breton, que l'assemblée se prononce sur le degré de qualification ou autre, mais sans doute morale de chacun. »

Immédiatement commence le procès du *Grand Jeu*. Que reproche-t-on à ses rédacteurs ? D'avoir donné, dans leurs admirations, la préférence à Landru sur Sacco et Vanzetti, d'employer constamment le mot « Dieu », d'avoir participé aux activités du théâtre Alfred-Jarry, enfin d'avoir été défaillants, sinon plus, lors des incidents de l'Ecole Normale Supérieure. Ces incidents tournent autour d'une pétition contre la préparation militaire signée par quatre-vingt-trois étudiants qui, devant une campagne de presse orchestrée, ont renié leur signature. Seuls dix d'entre eux ont accepté de signer un texte plus violent proposé par l'un d'eux (Paul Bénichou), mais ont refusé de le laisser publier. Ce qu'on reproche à Gilbert-Lecomte c'est, étant en rapport avec ces étudiants, de n'avoir pas publié leur texte, de le leur avoir rendu sans même en avoir pris copie. Il y avait là une belle occasion de scandale qui a été manquée. Gilbert-Lecomte allègue le veto des étudiants, décidés à ne pas laisser publier leur protestation. Fallait-il leur faire violence et la publier quand même ? Oui, pensent les surréalistes ; non, disent les rédacteurs du *Grand Jeu*.

Ce qui est moins discutable, c'est l'activité journalistique de Vailland, autre rédacteur du *Grand Jeu* et qui, dans *Paris-Midi*, a fait l'apologie de Jean Chiappe, préfet de police. Le cas est débattu. Vailland semble faire amende honorable, tandis que Ribemont-Dessaignes, écœuré par la tournure que prennent les

---

41. « La littérature guette son homme au carrefour du scepticisme et de la poésie. L'action collective peut seule redresser les égarements individuels... » Il s'agit donc de vaincre le confusionnisme qui semble obnubiler la plupart des esprits... Il ne faut pas *trahir* les ouvriers qui *font* la Révolution : les questions personnelles se posent lorsqu'il s'agit de traîtres... »

débats, quitte ostensiblement la réunion [42]. On n'ira pas plus loin ce soir-là. Le projet d'action commune est enterré avant d'avoir vu le jour. Ce ne sont plus seulement les rédacteurs du *Grand Jeu* qui ne veulent pas faire les frais d'un jugement inquisitorial, ce n'est plus seulement Ribemont-Dessaignes qui demande qu'on cesse de « sonder les cœurs et les reins », ce sont tous les non-surréalistes qui, refusant de se soumettre aux exigences de Breton, préfèrent céder la place.

Breton et Aragon tentent de tirer les conclusions du débat avorté. Ils marquent le souci de démasquer encore et toujours les « petits garçons inoffensifs », ou paraissant momentanément tels, qui s'essaient au métier d'intellectuel, avec un manque de rigueur inquiétant. N'importe qui peut viser cette position, elle tire peu à conséquence, elle s'exerce avec impunité. On finit par accepter l'ordre établi et finalement on se met au service de l'ennemi. C'est ce que les surréalistes ne peuvent permettre et qui les rend si « intransigeants » sur le degré de « qualification morale » de leurs amis, même les plus proches. Selon eux, c'est le destin de la Révolution nécessaire qui est en jeu.

L'échec de la « rue du Château » comporte une leçon plus vaste : il oblige Breton à préciser une nouvelle fois sa position et celle du surréalisme, partant, à faire accomplir à celui-ci un « nouveau départ ». C'est l'objet de la publication du « Second Manifeste [43] ».

42. Citons, pour être complet, la lettre de Ribemont-Dessaignes à Breton, lettre datée du lendemain de la réunion et qui donne le ton des opposants à Breton : « Ainsi, voilà à quoi aboutit toute votre volonté commune : jugement, jugement, jugement et de quelle sorte ! En somme avez-vous jamais fait autre chose ? Toute tentative collective n'a-t-elle jamais été autre chose que de perpétuels problèmes personnels et généralement d'une mesquinerie de collégiens ?... Je m'élève de toutes mes forces contre les mœurs que vous voulez maintenir, contre la mauvaise foi qui a régné durant la réunion de la rue du Château et contre le guet-apens mal organisé (ou très bien si l'on envisage cela d'un point de vue « commissariat de police ») qui se cachait sous le prétexte Trotsky... »
43. Dans l'unique numéro de *la Révolution surréaliste* de l'année 1929 (15 décembre).

Breton précise d'abord, et une fois de plus, la notion de *surréalité*, dont l'élucidation justifie l'existence et l'activité du mouvement :

« Tout porte à croire qu'il existe un certain point de l'esprit d'où la vie et la mort, le réel et l'imaginaire, le passé et le futur, le communicable et l'incommunicable, le haut et le bas, cessent d'être perçus contradictoirement. Or c'est en vain qu'on rechercherait à l'activité surréaliste un autre mobile que l'espoir de détermination de ce point... »

Cette exigence rend vaine toute tentative de classification parmi les mouvements passés, présents ou à venir. Les tentatives artistiques et philosophiques qui croient donner une solution paraissent dérisoires ; et celles également qui s'opposent à l'art ou à la philosophie sous prétexte qu'il ne saurait y avoir de solution dans ces deux domaines. Le surréalisme contient et dépasse ces deux attitudes ; il n'a aucun souci de la figure qu'il peut prendre, absorbé qu'il est dans la recherche de ce point où la contradiction n'existe plus [44].

Breton répète que cette activité suppose d'abord une rupture radicale avec le monde tel qu'il nous est donné, par l'exercice d'une violence constante et universelle. Si le surréalisme repose sur un dogme, c'est bien sur celui de « la révolte absolue, de l'insoumission totale, du sabotage en règle [45] ».

Du même coup, Breton refuse tous les parrainages, tous les morts que les surréalistes se sont plu autrefois à reconnaître comme des précurseurs : Rimbaud, Baudelaire, Poe (« crachons en passant sur Edgar Poe »), Rabbe, Sade ; « en matière de révolte, aucun de nous ne doit avoir besoin d'ancêtres ». Tout est à faire, tous les moyens doivent être bons à employer pour ruiner les idées de famille, de patrie, de religion... » La

---

44. « Le surréalisme n'est pas intéressé à tenir grand compte de ce qui se produit à côté de lui sous prétexte d'art, voire d'anti-art, de philosophie ou d'antiphilosophie, en un mot de tout ce qui n'a pas pour fin l'anéantissement de l'être en un brillant intérieur et aveugle, qui ne soit pas plus l'âme de la glace que celle du feu... »

45. « L'acte surréaliste le plus simple consiste, revolvers aux poings, à descendre dans la rue et à tirer au hasard, tant qu'on peut dans la foule. Qui n'a pas eu, au moins une fois, envie d'en finir de la sorte avec le petit système d'avilissement et de crétinisation en vigueur a sa place toute marquée dans cette foule, ventre à hauteur de canon... »

position surréaliste ne comporte pas d'accommodements, elle exige une pureté telle de la part de ceux qui l'ont adoptée qu'il ne leur est sans doute pas donné de s'y maintenir. Qu'importe ! La défection du dernier surréaliste n'empêchera pas le surréalisme de vivre. Des hommes jeunes se lèveront qui, épris de rigueur et de pureté, voudront reprendre l'expérience et la continuer. C'est pour eux, c'est en vue de leur action future qu'il importe de se montrer intraitable sur la qualité des hommes qui composent aujourd'hui le mouvement. Que les indésirables s'en aillent : les littérateurs indécrottables, les viveurs endurcis, les chercheurs d'émotions fortes, les snobs, les fils de famille et les amuseurs, tous ceux qui ont cru ou voulu « passer le temps », sans s'en prendre au temps lui-même, à la vie, à l'homme tel qu'il est [46]. Breton jette pêle-mêle par-dessus bord Artaud, Delteil, Gérard, Limbour, Masson, Soupault, Vitrac, en accolant à leurs noms des épithètes infamantes.

En voici d'autres, qui ont bonne conscience ceux-là, et vous regardent de haut. Ce qui compte, disent-ils, c'est l'action directe contre le régime : assez de discours vains sur la condition de l'homme et sa destinée ; ce qu'il nous faut ce sont des combattants, des soldats de la Révolution qui n'auront jamais contemplé, eux, le « merveilleux quotidien ». Ceux-là savent ce qu'ils veulent, et ils le veulent. Breton voudrait être parmi eux, mais il ne le peut. Le surréalisme reconnaît et proclame qu'il existe une question sociale. Il rejette avec mépris et horreur un régime fondé sur l'exploitation du plus grand nombre ; il se place à côté ou avec les révolutionnaires qui prétendent jeter bas ce régime. Il a exclu de son sein ceux qui refusaient de prendre cette position. Cependant, ajoute Breton, le matérialisme dialectique, philosophie reconnue et éprouvée des révolutionnaires, a un champ beaucoup plus large que ne le croient les politiques. Pourquoi refuser d'employer cet instrument à la

---

46. « Pourquoi continuerions-nous à faire les dégoûtés ? Un policier, quelques viveurs, deux ou trois maquereaux de plume, plusieurs déséquilibrés, un crétin, auxquels nul ne s'opposerait à ce que viennent se joindre un petit nombre d'êtres sensés, durs et probes, qu'on qualifierait d'énergumènes, ne voilà-t-il pas de quoi constituer une équipe amusante, inoffensive, tout à fait à l'image de la vie, une équipe d'hommes payés aux pièces, gagnant aux points ?
MERDE. »

résolution de problèmes extra-politiques [47] ? Un révolutionnaire ne peut-il être amoureux, ne rêve-t-il pas tout comme un
autre ? Faudra-t-il se borner à enfermer les fous, à tuer les
croyants de toutes les religions, et laisser bavarder les artistes
dans leurs cafés ? Singulière myopie qui refuse d'envisager ces
problèmes. Si, électivement, les surréalistes les ont vus, de quel
droit leur interdirait-on de vouloir les résoudre ? Au nom de la
Révolution ? Singulière Révolution que celle qui se borne !
Parce qu'il prétend être un révolutionnaire, un matérialiste,
œuvrant dans un domaine particulier, Breton s'en prend une
fois de plus au Parti communiste et à ses anciens amis conver-
tis à l'action politique. En passant, il exécute le groupe *l'Esprit*
(Morhange, Politzer, Lefebvre) qui s'est rallié au communisme,
et dont il ne veut pas recevoir de leçons. Naville ne trouve
cette fois pas grâce à ses yeux.

Après les négations, les destructions, les mises en garde,
Breton en vient au surréalisme proprement dit. Ce n'est pas un
satisfecit qu'il donne à son groupe ni à lui-même. Il déplore en
effet les manques, les déficiences, le défaut de rigueur, qui se
sont manifestés dans le domaine qu'il s'était choisi. Non seulement la quête n'a pas été menée à son terme, mais tout n'a
pas été extrait de ce qu'auraient pu donner l'écriture automatique, le récit de rêves ; les expériences tentées manquent
parfois même de tout intérêt. Il en voit la raison dans
la trop grande négligence de la plupart des surréalistes,
émerveillés de leurs découvertes et s'y bornant. Le côté
scientifique, expérimental, a cédé le pas, déplorablement, à
l'aspect artistique de l'expérience. Ils assistent passifs, à la
coulée de l'inconscient, et négligent d'observer à ce moment
ce qui se passe en eux. Comment perfectionner, discipliner
cette coulée, comment en faire un instrument de découverte ?

47. « Comment admettre que la méthode dialectique ne puisse
s'appliquer valablement qu'à la résolution des problèmes sociaux ?
Toute l'ambition du surréalisme est de lui fournir des possibilités
d'application nullement concurrentes dans le domaine conscient le
plus immédiat. Je ne vois vraiment pas, n'en déplaise à quelques
révolutionnaires d'esprit borné, pourquoi nous nous abstiendrions de
soulever, pourvu que nous les envisagions sous le même angle que
celui sous lequel ils envisagent — et nous aussi — la Révolution : les
problèmes de l'amour, du rêve, de la folie, de l'art et de la religion... »

Confondrait-on automatisme et passivité ? S'agit-il de se laisser aller à une nouvelle routine ? Pour Breton, le bien-fondé du surréalisme réside toujours dans la manifestation de l'inconscient, la mise aux ordres de l'inspiration, dont il nous dit qu'il faut cesser de la tenir « pour une chose sacrée ». « Un jour viendra » où une telle démarche paraîtra toute naturelle, où l'on reconnaîtra que les surréalistes ont ouvert le chemin et furent près de saisir la vérité. Ce jour-là, ajoute Breton, on s'étonnera aussi de notre timidité, de notre besoin de rechercher un *alibi* artistique. Loin de faire porter notre effort sur ce qui n'est et ne peut être qu'un moyen, ayons le courage de proclamer qu'il s'agit avant tout d'un moyen, et sachons au besoin nous en passer.

Regrettant le manque de rigueur dans l'action passée, l'insuffisance du travail mené dans un domaine presque entièrement inexploré, c'est sans illusions, mais avec courage et confiance dans les destinées du surréalisme qu'il s'écrie :

« C'est à l'innocence, à la colère de quelques hommes à venir qu'il appartiendra de dégager du surréalisme ce qui ne peut manquer d'être encore vivant, de le restituer, au prix d'un assez beau saccage, à son but propre... »

Breton, fort de cette foi, peut également « prendre congé » d'un de ceux qu'il aimait le plus, et qui fit en effet le plus : Robert Desnos [48]. Desnos, plus qu'aucun autre, s'est avancé témérairement sur la voie qui mène à l'inconnu. Il a cru que cette témérité tenait lieu de tout, qu'elle suffisait à tout. C'est en fonction d'elle qu'il a négligé de répondre à quelques questions brutales qui sollicitaient le surréalisme. On l'a vu proclamer que « la Révolution ne pouvait être que politique et sociale », puis se dérober, satisfait d'avoir vu clair. Là aussi, cruel manque de rigueur, déclare Breton. Ce qui est autrement plus grave, il s'est cru des dons littéraires, il a voulu poursuivre sa destinée de poète. Finalement, « pour vivre », il s'est adonné à l'activité journalistique, c'est-à-dire a consenti, d'après Breton, à son suicide moral.

Les excitateurs directs au surréalisme que sont-ils eux-mêmes

---

48. « Desnos a joué dans le surréalisme un rôle nécessaire, inoubliable, et le moment serait sans doute plus mal choisi qu'aucun autre pour le contester... »

devenus ? Voici Marcel Duchamp, dont l'influence fut à peine
moins grande que celle de Jacques Vaché, engagé dans une
partie d'échecs indéfinie (au sens propre), et dont l'issue, pour
Breton, ne saurait être que dérisoire ; Ribemont-Dessaignes
tombé dans la littérature pour feuilles cinématographiques ;
Picabia « s'appliquant à son travail » et fier de sa bonne
conscience. Faut-il considérer ces hommes comme morts ?
Seul, du camp des anciens dadaïstes, Tzara semble n'avoir
pas abandonné « l'ombre pour la proie » ; seule, depuis
les fameux incidents du *Cœur à gaz* dont Breton déclare qu'ils
furent simplement *malencontreux*, son attitude intellectuelle
n'a pas cessé d'être nette. Breton est heureux de l'assurer
de son estime et le prie de prendre la place à laquelle il a lé-
gitimement droit dans le mouvement surréaliste.

Poussant plus loin qu'il ne l'a fait jusqu'ici l'analyse des
destinées du mouvement, il lui semble soudain que le surréalisme ne peut pas se désintéresser de certaines recherches
ésotériques ; il le voit même comme le continuateur des alchimistes du XIVe siècle, de Nicolas Flamel. Breton pense que,
comme eux, le surréalisme est à la recherche de la « pierre
philosophale », qui devait permettre à l'imagination de
l'homme « de prendre sur toute chose une revanche écla-
tante ». De ce point de vue il peut écrire que le surréalisme
n'en est encore qu'à « la période des préparatifs », et regretter
que ces préparatifs soient encore trop *artistiques*, trop éloignés
de la quête qu'il s'agit désormais de poursuivre et dont on doit
tout attendre. En conséquence, le mouvement surréaliste ne
saurait désormais plus s'ouvrir qu'à des initiés, des prédestinés,
désignés par les astres pour accomplir ce travail secret [49].

---

49. « Il faut absolument empêcher le public d'*entrer* si l'on veut
éviter la confusion... *Je demande l'occultation profonde, véritable du
surréalisme*... »
Et ceci en note : « Le ciel de naissance de Baudelaire, qui présente
la remarquable conjonction d'Uranus et de Neptune, de ce fait reste
pour ainsi dire ininterprétable. De la conjonction d'Uranus avec
Saturne, qui eut lieu de 1896 à 1898, et *n'arrive que tous les 45 ans*
— de cette conjonction qui caractérise le ciel de naissance d'Aragon,
celui d'Eluard et le mien — nous savons seulement par Choisnard
que, peu étudiée encore en astrologie, elle « *signifierait suivant toute
vraisemblance : amour profond des sciences, recherche du mystérieux, besoin élevé de s'instruire* ». (Bien entendu, le vocabulaire de

Aussi est-ce avec assurance qu'après une attaque contre Georges Bataille, dont l'activité côtoie le surréalisme, Breton peut lancer sa péroraison :

« Le surréalisme est moins disposé que jamais à se passer de cette intégrité, à se contenter de ce que les uns et les autres, entre deux petites trahisons, qu'ils croient autoriser de l'obscur, de l'odieux prétexte qu'il faut bien vivre, lui abandonnent. Nous n'avons que faire de cette aumône de *talents*. Ce que nous demandons est, pensons-nous, de nature à entraîner un consentement, un refus total et non à se payer de mots, à s'entretenir d'espoirs velléitaires. Veut-on oui ou non tout risquer pour la seule joie d'apercevoir au loin, tout au fond du creuset où nous proposons de jeter nos pauvres commodités, ce qui nous reste de bonne réputation et nos doutes pêle-mêle avec la jolie verrerie *sensible*, l'idée radicale d'impuissance et la niaiserie de nos prétendus devoirs, *la lumière qui cessera d'être défaillante ?* »

Breton apprécie lui-même le *Second Manifeste* comme un *rappel aux principes*, et la tâche à laquelle il s'est livré, comme une « épuration du surréalisme ». Il est indéniable que nul plus que lui ne s'en est fait cette idée haute qu'il nous communique et ne l'a défendue avec plus d'intransigeance. Il importe peu que ses coups aient été assenés avec plus ou moins de sévérité, avec plus ou moins de discernement. Le surréalisme, c'est un fait, risquait de glisser, du fait des individus et de leur lassitude à se tenir constamment sur ces sommets qu'il aurait voulu leur voir habiter, vers l'art, et cela à partir du moment où il avait refusé de s'engager dans la voie éclairée par Pierre Naville. Ce

---

Choisnard est suspect.) « *Qui sait,* ajoute-t-il, *si la conjonction de Saturne avec Uranus n'engendrera pas une école nouvelle en fait de science ? Cet aspect planétaire, placé en bon endroit dans un horoscope, pourrait correspondre à l'étoffe d'un homme doué de réflexion, de sagacité et d'indépendance, capable d'être un investigateur de premier ordre.* » Ces lignes, extraites « d'Influence astrale », sont de 1893, et, en 1925, Choisnard a noté que sa prédiction semblait être en train de se réaliser. »
André Breton, Note au *Second Manifeste*.
Breton ne se désigne-t-il pas lui-même comme l'homme attendu ?

refus d'engagement ne signifiant en rien désintérêt, contempla-
tion. Nul n'a jamais mis en doute la sympathie active de
Breton envers la Révolution, et si d'aucuns s'égaillèrent de-ci
de-là, c'est parce qu'ils refusèrent justement de le suivre
jusqu'au point où lui-même était parvenu. Qu'il combatte
également ceux qui sacrifiaient le surréalisme à l'action politique, et quels que soient les arguments qu'il emploie contre
eux, on le comprend aisément, si l'on ne veut pas oublier que
pour lui le surréalisme comprenait *aussi* la Révolution sociale.
Il ne s'agit pas d'absoudre ou de juger, mais de comprendre, et
le parti héroïque qu'il demandait à chacun de suivre, pourquoi s'étonner que plusieurs ne se soient pas senti la force de
l'adopter ? Comment ne se seraient-ils pas montrés las du train
d'enfer auquel les emmène Breton ! Certains adolescents sont
devenus des hommes qui supportent mal le joug impérieux du
chef, même tempéré par des minutes inoubliables ; d'autant
plus que celui-ci a des préférences souvent inexplicables, des
changements d'attitude qui étonnent, des antipathies et sympa-
thies soudaines qu'il faut adopter. En outre, presque tous ces
jeunes gens se sentaient des dons, c'est même parce qu'ils
n'étaient pas peu communément doués qu'ils s'étaient donnés
avec tant de fougue à cette Révolution, et ils supportaient mal
qu'elle fût indéfiniment remise, indéfiniment reculée. Après
avoir épuisé les joies de l'écriture automatique et du récit de
rêves, ils se sentaient des forces de création que l'atmosphère
du groupe ne permettait pas de libérer. Osons le mot : ils ne se
sentaient plus *libres,* ils voulaient maintenant courir leur
chance seuls, pour eux-mêmes. Cette tendance était d'autant
plus forte parmi les « littéraires » que les peintres, eux,
n'encouraient pas au même degré les foudres de Breton. Ils
vendaient leurs tableaux, ils en vivaient donc dans une certaine
mesure, et Breton trouvait cela normal. « Il faut bien vivre »,
Breton rejette avec mépris cette basse raison, mais si pour son
compte il avait résolu la question, d'autres ne pouvaient indéfiniment se contenter d'expédients. En fait, il en est peu, parmi
ceux que Breton a vilipendés, qui soient tombés dans le renie-
ment. Aux autres, purs de toute compromission, on ne peut
guère reprocher que de jouer le jeu ordinaire de la vie. Qui se
sent le droit de leur jeter la première pierre ?

Toutefois, des forces neuves viennent remplacer les

anciennes. Au soir de cette période se lève l'étoile de Salvador Dali, dont la personnalité et l'activité feront accomplir un nouveau pas au mouvement tout entier.

5. « *Au service de la révolution* »

> « Dehors, c'est le printemps, les animaux, les fleurs, dans les bois de Clamart on entend les clameurs des enfants qui se marrent, c'est le printemps, l'aiguille s'affole dans sa boussole, le binoclard entre au bocard et la grande dolichocéphale sur son sofa s'affale et fait la folle. »
>
> Jacques Prévert.

1930 marque la fin de la querelle avec les ex-amis dénoncés dans le *Second Manifeste* et qui, indignés du traitement que leur a infligé Breton, publient contre lui un pamphlet d'une extrême violence : *Un Cadavre*, elle marque aussi la venue de nouvelles forces : Salvador Dali, Luis Buñuel, Georges Hugnet, René Char, Georges Sadoul, Albert Valentin, André Thirion, tandis que Yves Tanguy et Man Ray, un moment suspects, rentrent en grâce. Mais déjà on peut apercevoir le germe de futures divisions, suivant la ligne de moindre pression des deux tendances antagoniques du surréalisme, qu'avaient discernées Naville. Tandis en effet que Breton et Eluard labourent plus profondément le terrain surréaliste en publiant *l'Immaculée Conception,* Georges Sadoul et Aragon font, en Russie, un voyage aux multiples conséquences. Breton, qui n'a pu continuer son travail de militant à la cellule « du gaz » où l'avait placé la confiance(?) du Parti communiste, se détache de plus en plus de ce dernier [50]. D'autre part, il met le

---

50. Breton raconte lui-même comment, obligé de présenter un rapport uniquement fondé sur des statistiques sur la situation en Italie, il n'avait pu accomplir ce travail au-dessus de ses forces.

nouvel organe du mouvement aux ordres de la IIIe Internationale. Ces contradictions détermineront une nouvelle crise dans les années suivantes.

Pour l'instant, la crise de 1929 fait, en se dénouant, beaucoup de bruit. Comme celle de 1926-1927, elle est au fond causée par les mêmes raisons, qu'on peut désormais ramener à une seule : convient-il de mettre le mouvement aux ordres du Parti communiste qui exige l'abjuration, ou convient-il de lui laisser continuer sa route autonome ? Breton est pour une solution moyenne qui cache les contradictions au lieu de les laisser s'exprimer : continuer à œuvrer dans une voie autonome, tout en proclamant qu'on travaille pour la Révolution, qu'on en poursuit les mêmes tâches dans des voies parallèles. Cette solution n'avait pas satisfait Naville autrefois, elle ne satisfait pas davantage, mais pour des raisons inverses, ceux à qui Breton a « donné congé ». Attaqués de la façon que l'on sait, ils lui répondent publiquement, et, dépassant la personne de Breton, ils vont jusqu'à enterrer avec lui le surréalisme. Il ne se formera donc pas d'école dissidente ; il n'existe pas pour cela un minimum suffisant d'entente entre les opposants. Après cette union d'un jour dans l'invective ils retourneront à leurs occupations individuelles, étrangères au mouvement.

Les participants au « Cadavre » de 1930 sont, en effet, divers : un ex-dadaïste, Ribemont-Dessaignes ; d'ex-surréalistes : Vitrac, exclu depuis longtemps, Limbour, que son tempérament a éloigné des scandales et de l'agitation surréaliste, Morise, ex-fidèle suiveur et exécuteur de Breton, Jacques Baron, Michel Leiris, Raymond Queneau, J.-A. Boiffard, Robert Desnos, Jacques Prévert, et un homme qui n'avait jamais appartenu au groupe mais qui avait été particulièrement maltraité par Breton : Georges Bataille. Pierre Naville, sollicité, ne jugea pas utile de se joindre aux opposants.

Leurs attaques sont avant tout personnelles. Les qualificatifs les plus fréquemment employés sont ceux de *flic* et de *curé*. Flic : « Les révélations touchant par exemple Naville et Masson ont le caractère des chantages quotidiens exercés par les journaux vendus à la police » (Ribemont-Dessaignes) ; curé : « Le frère Breton qui fait accommoder le prêtre à la sauce moutarde ne parle plus qu'en chaire » (Ribemont-Dessaignes) ; « Un jour il criait contre les prêtres, le lendemain il se croyait évêque ou pape en Avignon » (Jacques Prévert). C'est aussi un « faux-frère » : « Il crachait partout, par terre, sur ses amis, sur les femmes de ses amis » (Jacques Prévert) ; « J'eus un ami sincère » (c'est Breton qui est censé parler), Robert Desnos. Je le trompai, je lui mentis, je lui donnai faussement ma parole d'honneur » (Robert Desnos) ; « Il pratiqua, sur une vaste échelle, l'escroquerie à l'amitié » (Vitrac). C'est un faux révolutionnaire et un faux communiste : « S'il se trouve qu'André Breton aime les pieds de mouton sauce poulette, vous verrez immédiatement ceux-ci sacrés révolutionnaires » (Morise) ; « C'est lui qui envoyait les copains aux ballets russes crier : « Vivent les Soviets ! » et qui le lendemain recevait à bras ouverts, à la Galerie surréaliste, Serge de Diaghilew venu y acheter des tableaux » (Baron). Leiris et Desnos l'accusent d'avoir « toujours vécu sur des cadavres » : Vaché, Rigaut, Nadja ; tandis que Vitrac et Bataille portent en terre le surréalisme : « la boutique surréaliste » (Vitrac), « son entreprise religieuse » (Bataille). La conclusion est celle-là même qu'avait écrite Breton à propos d'Anatole France : « Il ne faut plus que mort cet homme fasse de la poussière » portée en exergue au numéro au-dessus d'une immense photographie représentant Breton les yeux fermés, une larme de sang au coin des paupières, le front ceint d'une couronne d'épines.

Le « crucifié » était de taille à répliquer. Il le fit dans l'édition en volume du « Deuxième Manifeste du Surréalisme », se bornant à mettre en regard les appréciations anciennes et présentes des ex-amis sur sa personne et son activité. Il est vrai qu'ils lui avaient donné l'exemple.

Le mouvement surréaliste n'est pas sensiblement affecté par cette crise, la plus grave pourtant de celles qui le secouèrent. Elle marque certes la fin d'une période, la plus belle, la plus foisonnante, la plus exaltante, mais si l'on se reporte à l'époque, le destin du surréalisme ne diffère pas de celui des autres courants d'idées à ce moment-là.

1930 marque en effet la fin de l'après-guerre. De nouveaux mécanismes économiques (crise aux Etats-Unis et bientôt en Europe : Allemagne, Angleterre), politiques, sociaux, viennent de se mettre sournoisement en branle, dont on ne verra les effets que dix ans plus tard. En France, l'échec de Briand et du pacifisme officiel a plus qu'une valeur de symbole, c'est un symptôme : la guerre de 1914-1918 est liquidée, le capitalisme retombant dans ses contradictions fondamentales ne peut les dénouer qu'en préparant un nouveau massacre.

Les seuls pacifistes vrais étant de tous temps les révolutionnaires, chacun reprend la place à laquelle il est destiné, rejoint son camp naturel, et Breton se rapproche de plus en plus du mouvement révolutonnaire : le communiste en l'occurrence, malgré les déceptions personnelles qu'il y a éprouvées. Le nouvel organe du mouvement s'appelle : *Le Surréalisme au service de la Révolution* — montrant par là qu'il s'agit moins que jamais de « révolution surréaliste » — et s'ouvre par une correspondance télégraphique avec Moscou où les surréalistes proclament leur volonté de se mettre immédiatement au service de la Révolution [51]. Breton croit révolue l'époque de « l'attentisme ». Aragon et Sadoul vont plus loin : ils entreprennent le pèlerinage de Moscou. Ce qu'ils y feront, et comment ils en reviendront, nous le verrons plus tard. Cependant la température monte : Breton écrit un article sur le suicide du poète bolchevik Maïakovsky où l'on trouve des phrases de ce genre :

« Je suis, pour ma part, plus reconnaissant à Maïakovsky d'avoir mis " l'immense talent " que lui accorde Trotsky au service de la Révolution que d'avoir, à son seul profit, forcé l'admiration par les éclatantes images du *Nuage en culotte*. »

Certes, il discute encore et discutera toujours ; il met et mettra

---

51. « *Question :* Bureau international littérature révolutionnaire prie répondre question suivante : laquelle sera votre position si impérialisme déclare guerre aux Soviets stop adresse boîte postale 650 Moscou. *Réponse :* Camarades si impérialisme déclare guerre aux Soviets notre position sera conformément aux directives Troisième Internationale position des membres parti communiste français.

« Si estimiez en pareil cas un meilleur emploi possible de nos facultés, sommes à votre disposition pour mission précise exigeant tout autre usage de nous en tant qu'intellectuels stop vous soumettre suggestions serait vraiment présumer de notre rôle et des circonstances.

« Dans situation actuelle de conflit non armé croyons inutile attendre pour soumettre au service de la révolution les moyens qui sont plus particulièrement les nôtres. »

toujours en balance les forces de l'amour et celles de la Révolution au cœur d'un individu donné ; il attaque comme il fera toujours, la « littérature de propagande » (à laquelle ne se borne pas Maïakovsky) pour terminer par une déclaration qui exprime au mieux le rôle unitaire qu'il veut voir jouer au surréalisme :

« La vie enthousiasmante du prolétariat en lutte, la vie stupéfiante et brisante de l'esprit livré aux bêtes de lui-même, de notre part il serait par trop vain de ne vouloir faire qu'un de ces deux drames distincts. Qu'on n'attende de nous, dans ce domaine, aucune concession [52]. »

Cette défense de Maïakovsky contre l'incompréhension des rédacteurs de *l'Humanité* qui trouvent invraisemblable qu'on puisse se suicider au « pays du socialisme », s'exerce aussi physiquement contre les réactionnaires : Aragon rosse M. André Levinson, rédacteur aux *Nouvelles littéraires* [53], coupable d'avoir calomnié la Russie soviétique.

Ne parlons que pour mémoire de l'équipée de Georges Sadoul et Jean Caupenne qui, un soir d'ivresse, envoyèrent une lettre comminatoire à un nommé Keller, reçu premier à l'Ecole militaire de Saint-Cyr, et où ils l'invitaient à se démettre, sous peine de « fessée publique ». L'appareil de la justice s'étant mis en branle, Jean Caupenne préféra faire des excuses publiques à M. Keller sur le front des troupes dans l'Ecole de Saint-Cyr, et Georges Sadoul employa pour sa défense des arguments qu'on eût préféré davantage « surréalistes ». Ce qui ne l'empêcha pas d'ailleurs d'être condamné à trois mois de prison. Peut-être, à cette occasion, les surréalistes se rendirent-ils compte qu'il y avait danger à s'en prendre « concrètement » à la bourgeoisie.

52. André Breton, « La barque de l'amour s'est brisée contre la vie courante », recueilli dans *Point du Jour* (1934).
53. « Aragon se rendit au domicile de Levinson. Ce dernier craignant pour ses os et se cachant derrière sa femme prétendit qu'il ne pouvait se défendre « s'étant cassé le bras récemment ». Aragon devant tant de lâcheté s'en prit à la vaisselle qui alla valser par la fenêtre. On appela la police. Et c'est en présence des agents qu'Aragon mit son poing dans la figure du critique... » (*L'Humanité*, 3 juin 1920).

Si 1930 marque plus que jamais pour les surréalistes une
« mise aux ordres » de la Révolution politique et sociale, elle
marque aussi une plongée dans les eaux du surréalisme, dans
ce qu'il entendait être son domaine propre. C'est en effet
durant cette année qu'est publiée, par Breton et Eluard,
l'Immaculée Conception.

C'est une étonnante suite de poèmes en prose, plus éclatants
que ceux de Breton et d'Eluard réduits à leurs seules forces, et
si, par hasard, on découvre une image particulière à l'un d'eux,
cette collaboration n'en aboutit pas moins à des trouvailles qui
les dépassent tous deux. La première partie : *L'Homme*, est
une tentative de recréation des moments capitaux de la vie, de
la conception à la mort. L'amour :

« Il faudrait rester le même, toujours, avec cette déconcer-
tante allure de gymnaste, avec ce port de tête ridicule. Mais
voici que la statue tombe en poussière, qu'elle refuse de garder
son nom... Il y a ici des murs que tu ne franchiras pas, des
murs que je couvrirai d'injures et de menaces, des murs qui
sont à jamais couleur de sang vieilli, de sang versé... »

La vie végétative du fœtus :

« De toutes les façons qu'a le tournesol d'aimer la lumière,
le regret est la plus belle ombre sur le cadran solaire. Os
croisés, mots croisés, des volumes et des volumes d'ignorance
et de savoir. La biche, entre deux bonds, aime me regarder. Je
lui tiens compagnie dans la clairière. Je tombe lentement des
hauteurs, je ne pèse encore que ce que donnent à peser de
moins cent mille mètres... »

Sont évoqués « le traumatisme de la naissance », le déficit de
la vie :

« Les puissances du désespoir, avec leurs roses de savon,
leurs caresses à côté, leur dignité mal habillée, leurs réponses
mouvantes à des questions de granit s'emparent de lui. Elles le
mènent à l'école du mâchefer, après l'avoir affublé d'un tablier
de feu... »

Le retour au néant :

« Voici la grande place bègue. Les moutons arrivent à fond
de train, sur des échasses. »

Cette tentative de nouvelle genèse se double d'une expérience
qui n'a pas été sans étonner les psychiatres, et qui eût dû
bouleverser l'histoire des maladies mentales. Voici deux

hommes qui sont plus ou moins bien adaptés, puisqu'ils y vivent, à une société fondée sur la reconnaissance chez l'homme d'états qu'elle qualifie de normaux (parce qu'ils sont l'apanage du plus grand nombre) et qui sont capables, sans aucune tricherie et par le seul pouvoir de la poésie, de leur poésie, de simuler les états démentiels : débilité mentale, manie aiguë, paralysie générale, délire d'interprétation, démence précoce, puis, d'autre part, de revenir à leur état habituel d'équilibre, qualifié de normal. Que veulent-ils prouver sinon qu'il n'existe pas de fossé entre l'homme normal et l'homme dit « anormal », qu'il n'existe pas d'états à partir desquels on peut assurer que tel homme est fou, tel autre raisonnable, que toute appréciation de ces états manque de base scientifique, qu'elle est affaire de mode, d'opinion [54] ? Qu'ils aient pu, expérimentalement, réaliser ces états au moyen de l'instrument poétique montre du même coup la valeur de cet instrument, et aussi le pouvoir de l'esprit capable de créations dont il ne se connaît pas la possibilité en temps normal, quand il n'est pas « dressé poétiquement ».

Resterait-il seulement du mouvement les pages de *l'Immaculée Conception,* que l'homme, alerté, ne pourrait se détacher de l'étonnant mystère de sa condition, et ne pourrait désirer autre chose que d'éprouver son pouvoir jusqu'à son terme.

---

54. « ... C'en serait alors fait des catégories orgueilleuses dans lesquelles on s'amuse à faire entrer les hommes qui ont eu un compte à régler avec la raison humaine, cette même raison qui nous dénie quotidiennement le droit de nous exprimer par les moyens qui nous sont instinctifs... »

4

Autonomie du surréalisme
1930-1939

1. L'affaire Aragon

> « Je ne me propose rien : ni, comme le
> voudraient ceux qui me suivent avec un
> œil de collectionneur, quelque œuvre
> complète dans le genre de la Comédie
> humaine ; ni, comme le demandent ceux
> qui me touchent avec des doigts de natu-
> ralistes, une destinée héroïque, exem-
> plaire. »   Aragon (1924).

Désormais, le surréalisme poursuit sa course sur deux chemins parallèles : celui de la Révolution politique, celui de
l'exploration toujours plus poussée des forces inconnues qui
gisent au cœur de l'homme. les chefs de file sont respective-
ment Aragon qui, avec Sadoul, a participé au IIe Congrès
international des Ecrivains révolutionnaires à Karkhov, et Dali
qui expose et applique à la fabrication d'objets dits « surréalistes » sa thèse de la paranoïa-critique. Le rôle de Breton
est de conciliation et d'arbitrage, bien qu'il demeure le seul
capable d'opérer la fusion, qu'il voudrait complète, de ces deux
démarches ; c'est par là qu'il continue de contrôler autoritaire-
ment le mouvement.

Le prélude de ce qui va devenir « l'affaire Aragon » commence à être joué dans le numéro 3 du *Surréalisme Au Service
De La Révolution*. Dans un article intitulé « Le surréalisme et
le devenir révolutionnaire », Aragon, retour de Karkhov, communique sa feuille de température, dont il voudrait qu'elle fût
aussi celle du groupe. Sur le rôle qu'il a joué à Karkhov on ne
sait encore rien, sinon que, parti avec les meilleures intentions
surréalistes du monde, il revient converti au communisme,
après avoir fait devant les membres de la Conférence de nombreux *mea culpa*. Pour l'instant, il n'est pas question de rupture avec le groupe : Aragon se proclame toujours surréaliste.
De son article retenons les formules par lesquelles il exprime le
sens qu'il voudrait voir prendre à l'évolution du mouvement :

« La reconnaissance du matérialisme dialectique comme seule philosophie révolutionnaire, la compréhension et l'acceptation sans réserves de ce matérialisme par des intellectuels partis d'une opposition idéaliste fût-elle conséquente, en face des problèmes concrets de la Révolution, ce sont là les traits essentiels de l'évolution des surréalistes... »

Il veut donner à cette évolution un terme que les surréalistes (Breton et autrefois lui-même) n'ont jamais voulu atteindre : « la reconnaissance dans le domaine de la pratique de l'action de la IIIe Internationale comme seule action révolutionnaire [1] ». Quelles sont les limites de ce « domaine de la pratique » ? Ne les voit-il pas indéfiniment extensibles, et susceptibles d'aller jusqu'à englober toute l'activité surréaliste ?

Revenant sur la crise qui vient de se terminer par le départ des anciens amis, Aragon note :

« L'entrée dans le groupe surréaliste de certains éléments (Char, Dali, Buñuel) qui possèdent des moyens d'expression extrêmement précieux pour la vie de ce groupe et l'extension de son action a compensé au-delà de ce qu'on pouvait espérer le départ de tant de velléitaires confus et de littérateurs décidés. Le groupe ainsi renforcé a fondé une revue : *le S. A. S. D. L. R.* manifestant, par cette modification de l'ancien titre *(la R. S.),* le sens général anti-individualiste et matérialiste de son évolution... »

Il montre également que le surréalisme, refusant plus que jamais de reconnaître l'art comme une fin, est en butte à la répression ouverte ou sournoise de la bourgeoisie : Breton « dans la vie privée connaît toutes les persécutions que peut appuyer l'appareil légal », Georges Sadoul est condamné à trois mois de prison (nous avons vu pourquoi), Eluard se voit privé, par la police, du droit de sortir de France, « Crevel et moi-

---

1. « Cette évolution implique avec plus de fermeté que jamais, avec la fermeté que donne une semblable base philosophique la reconnaissance, dans le domaine de la pratique, de l'action de la IIIe Internationale comme seule action révolutionnaire et implique la nécessité d'appuyer, avec les moyens variables qui peuvent être ceux des intellectuels considérés, l'action en France du P. C. F. section française de cette Internationale... »

même ne *pouvons* plus être imprimés... on a fait retirer des
étalages *l'Immaculée Conception* »... Et, détruisant « la légende
qui fait de nous des écrivains *pour* les snobs », il ajoute : « Si
on nous confine (par des moyens coercitifs dans le domaine
pécuniaire) à ce public que nous n'avons jamais considéré
qu'avec mépris, ce confinement même est une forme perfec-
tionnée de la répression. »

De fait, le tirage limité de plaquettes de luxe n'était pas
destiné à ceux que les surréalistes se disaient vouloir particulièrement toucher. Et c'est là, dans la formation d'une chapelle
de snobs titrés et argentés autour du surréalisme, qu'il faut voir
la défiance où Breton et ses amis sont tenus par les révolutionnaires politiques, le handicap qu'ils eurent à combler avant
de trouver leur véritable audience.

En venant enfin au voyage de Moscou, Aragon déclare :

« On sait qu'à la fin de 1930 Georges Sadoul et moi avons
été en Russie. Nous avons été plus volontiers en Russie qu'ailleurs, beaucoup plus volontiers, c'est tout ce que j'ai à dire des
raisons de ce départ ! »

C'est évidemment mince.

Du moins écrivait-il à Breton, de là-bas, que s'il participait
au Congrès de Karkhov il y défendrait la « ligne surréaliste ».
En particulier, il devait y attaquer la revue de culture prolétarienne *Monde,* nouvelle tribune de Barbusse. Cependant, si les
communistes reconnaissent le confusionnisme humanitaro-sen-
timental de *Monde,* ils ne désirent pas s'aliéner Barbusse, qu'ils
comptent utiliser plus tard (Congrès d'Amsterdam-Pleyel
contre la guerre), et ils l'élisent même au Presidium du Congrès
de Karkhov. Aragon va-t-il s'insurger ? Nullement. Au
contraire, il approuve. Mieux : avec Georges Sadoul il envoie,
ou du moins signe, une lettre à l'Union internationale des
Ecrivains (U. I. E. R.) où il dénonce l'idéalisme, le freudisme,
comme forme de cet idéalisme, le trotskysme, et où enfin il
proclame son attachement à la « ligne générale ». Donnant une
preuve de son ralliement, il compose le poème *Front Rouge*
que publie *la Littérature de la Révolution mondiale,* organe de
l'U. I. E. R., et revient à Paris.

Dès son retour, il se plaint que la signature apposée sur sa
lettre à l'U. I. E. R. lui a été extorquée ; cependant il refuse de
demander une rectification. En même temps, il affirme que son

accord avec Breton et le reste du groupe est pour lui « une question de vie ou de mort », et publie un Manifeste : *Aux intellectuels révo'utionnaires*, où il prend la défense de la méthode psychanalytique qu'il venait de dénoncer comme « idéaliste » à Karkhov [2].

Front Rouge fait en France un certain bruit. C'est un poème révolutionnaire... « dans la ligne ». Aragon y appelle non seulement à l'assassinat des dirigeants du régime, mais aussi à celui des « ours savants de la social-démocratie ». Le gouvernement s'émeut et poursuit Aragon pour provocation à l'assassinat. Il risque d'encourir une peine de cinq ans de prison. Les surréalistes, Breton en tête, prennent immédiatement la défense de leur camarade, lancent une pétition où il est dit :

« Nous nous élevons contre toute tentative d'interprétation d'un texte poétique à des fins judiciaires et réclamons la cessation immédiate des poursuites. »

Cette pétition est couverte, en quelques jours, de plus de trois cents signatures.

L'affaire ne s'arrête pas là. Si le gouvernement semble reculer devant le ridicule de la poursuite, la discussion s'installe entre Breton et certains intellectuels comme Rolland, Gide, interprètes d'un courant plus large qui va jusqu'aux révolutionnaires, et qui blâme les surréalistes de se dérober devant leurs responsabilités. Assumer la responsabilité de ses écrits, c'est en effet, pour un révolutionnaire, la même attitude morale qu'assumer la responsabilité de ses actes. Mais les surréalistes, nous l'avons déjà vu à propos du *Traité du Style*, ont déclaré qu'ils ne se croyaient pas obligés de mettre leurs actes en

---

2. « Certains intellectuels révolutionnaires et particulièrement les surréalistes ont été amenés à employer comme une arme contre la bourgeoisie la méthode psychanalytique. Cette arme, entre les mains d'hommes qui se réclament du matérialisme historique et qui entendent l'appliquer, permet notamment l'attaque de la famille, malgré les défenses que la bourgeoisie multiplie autour d'elle. La psychanalyse a servi aux surréalistes à étudier le mécanisme de l'inspiration et à se soumettre cette inspiration. Elle les a aidés à quitter toute position individualiste. On ne saurait tenir la psychanalyse pour responsable des applications qui peuvent en avoir été faites par les différents esprits qui s'en réclament... »

rapport avec leurs paroles et qu'en tout cas celles-ci — et c'est la thèse de Breton — ne sauraient dans un poème, suprême manifestation du penser non dirigé, engager leur auteur. Ne voit-on pas alors le reproche qui peut leur être fait ? De participer à la lutte révolutionnaire sans vouloir en accepter les risques, de se dérober derrière le paravent de « l'art qui excuse tout ». Breton a beau argumenter : une prise des responsabilités du groupe entier aurait eu une autre allure.

Quels sont ses arguments ? Il s'élève d'abord contre l'inculpation en tant qu'elle crée un précédent scandaleux de répression en matière de poésie pour délit d'opinion. On se bornait jusqu'ici à poursuivre des écrits en prose, expression de la pensée réfléchie, rationnelle. Baudelaire avait été poursuivi pour l'immoralité ou l'obscénité de certains de ses poèmes, mais la justice les condamna en bloc, sans se donner le ridicule d'isoler du contexte certaines expressions ou certains vers. Faut-il détacher du poème d'Aragon des expressions comme : « Descendons les flics camarades ! » ou « Feu sur les ours savants de la social-démocratie » pour y voir une provocation méditée et consciente à l'assassinat ? Le problème est plus vaste.

Breton en arrive à la valeur qu'il faut concéder au poème :

« Le poème n'est pas à juger, dit-il, sur les représentations successives qu'il entraîne, mais bien sur le pouvoir d'incarnation d'une idée, à quoi ces représentations libérées de tout besoin d'enchaînement rationnel ne servent que de point d'appui. La portée et la signification du poème sont *autre chose* que la somme de tout ce que l'analyse des éléments définis qu'il met en œuvre permettrait d'y découvrir et ces éléments définis ne sauraient à eux seuls, pour une si faible part que ce soit, le déterminer en valeur ou en devenir. »

Autrement dit, le poème est un tout, qu'on peut juger en tant que tel, mais dont on ne peut abstraire certaines idées ou certaines images sans leur faire perdre leur sens.

En venant à la valeur propre du poème d'Aragon, Breton confesse qu'il ne l'aime pas. Il y voit en effet un poème de circonstance. Pour sa part il s'est toujours refusé à en écrire : il n'en a pas le goût, et une telle forme de poésie lui paraît rétrograde. S'appuyant sur Hegel et son *Esthétique*, il déclare :

« Je me dois de déclarer qu'il (*Front Rouge*) n'ouvre pas à la poésie une voie nouvelle et qu'il serait vain de le proposer aux poètes d'aujourd'hui comme exemple à suivre pour l'excellente raison qu'en pareil domaine un point de départ objectif ne saurait être qu'un point d'arrivée objectif, et que dans ce poème le *retour au sujet extérieur* et tout particulièrement au *sujet passionnant* rompt avec toute la leçon historique qui se dégage aujourd'hui des formes poétiques les plus évoluées. Dans ces formes, il y a un siècle (cf. Hegel), le sujet ne pouvait déjà plus être qu'indifférent et il a même cessé depuis lors de pouvoir être posé à priori... »

Qu'on se garde donc de se laisser influencer par les circonstances « grisantes » de l'histoire, car... « si le drame social existe, le drame poétique existe aussi et tout comme le précédent ». Aragon, en cédant à la tentation d'exprimer le premier a, selon Breton, manqué le second.

Aragon approuve la protestation des intellectuels en faveur de son poème, il approuve même le contenu de la brochure faite par Breton pour sa défense [3], mais en raison des attaques voilées qu'elle contient contre le Parti communiste et sa politique « littéraire », il en déclare la publication inopportune et réserve sa position personnelle.

Les choses en sont là quand un entrefilet de *L'Humanité* fait savoir qu'Aragon se désolidarise de la brochure de Breton et qu'il « en désapprouve le contenu dans sa totalité » en raison des attaques qu'elle contient contre le Parti communiste. Aragon a, une fois de plus, manœuvré dans le dos de ses amis, et ceux-ci sont amenés à se poser la question : quand Aragon est-il sincère ? Avec ses amis surréalistes, ou avec ses amis communistes ? En outre, les surréalistes apprennent par cet entrefilet la fondation effective de l'A. E. A. R. (section française de l'U. I. E. R.), dont ils ne sont pas admis à faire partie. Ils ont fait une demande d'affiliation qui est restée sans réponse.

Rassemblant tous ces faits, le groupe surréaliste fait le point. Il déclare que, porté par une évolution difficile sur le plan du matérialisme dialectique, il entend s'y maintenir, et participer d'une façon toujours plus efficace aux luttes du prolétariat

3. *Misère de la poésie* (*l'affaire Aragon devant l'opinion publique*).

révolutionnaire : « Surréalistes, nous entendons ne point prendre prétexte de la poésie pour nous refuser à l'action politique. » Faut-il espérer que cette déclaration sans ambages fera taire les préventions du Parti communiste à leur égard ? Cette tentative n'aura pas plus de succès que les précédentes.

Faut-il également tirer une leçon de cette « affaire Aragon » ? Il nous est possible, maintenant que nous connaissons les faits, de nous demander ce qu'elle signifie. Elle aboutit à la rupture d'Aragon avec le groupe qu'il avait contribué à fonder, dont il était, avec Breton et Eluard, l'un des tenants reconnus. Son départ a-t-il une signification générale pour le surréalisme, ou faut-il l'envisager seulement comme phénomène propre à un individu ? Souvent, dans les écrits qui traitent du surréalisme, et ne faisant en cela que répéter une idée émise par Breton, Aragon aurait suivi la même voie que Naville vers une position « d'opportunisme politique ». Tous deux ont bien en effet brisé avec le surréalisme pour entrer au Parti communiste, mais suivant des modalités et à des époques bien différentes. Naville posa ouvertement la question, non pas d'entrée pure et simple au Parti communiste, qui n'aurait eu qu'une signification formelle, mais de passage sur des voies d'action révolutionnaire qui auraient conduit *tout le mouvement* vers la politique marxiste, représentée alors par la IIIe Internationale. Et à ce moment il eut comme adversaire acharné Aragon, qui traitait de « déshonorante » l'action politique.

Aragon, lui, franchit individuellement le pas qui a toujours séparé le surréalisme de l'action politique, du marxisme, c'est-à-dire qu'il *renie* le surréalisme pour devenir communiste. Et comme durant plusieurs mois son attitude manque de netteté, les surréalistes ont tôt fait d'y voir une manœuvre d'intimidation pour les amener à se prononcer en faveur de la politique littéraire du Parti communiste. Ils ne veulent pas considérer autre chose dans les exigences du Parti communiste à leur égard : une abjuration et une mise au service de la littérature de propagande.

D'autre part, l'évolution de Naville et celle d'Aragon ne se font pas à la même époque. Aragon ne fait que suivre le courant qui porte de plus en plus les intellectuels avancés de tous les pays vers l'U. R. S. S., à un moment où ce ralliement n'occasionne plus pour ceux qui le font un quelconque désagrément, au contraire. Les surréalistes ne veulent pas considérer la démarche d'Aragon comme une évolution, mais comme une palinodie, « une trahison » qu'ils lui reprocheront, avec amertume, des années durant.

Le départ d'Aragon fut une perte sensible pour le groupe tout entier. Avec lui le surréalisme perdait non seulement un de ses fondateurs, mais un poète aux dons peu communs, dont le renom était déjà immense, et qui avait contribué par son apport personnel à donner au mouvement ce visage que nous lui avons vu.

2. *Dali et la paranoïa-critique*

> « Au moment le plus exalté de la danse, le rideau du fond sera subitement intercepté par une douzaine de motocyclettes, le moteur en marche, se balançant à l'extrémité de cordes appropriées, en même temps que quelques machines à coudre et aspirateurs, tombant du cintre, viendront s'écraser sur la scène et que le rideau se fermera lentement. » Salvador Dali, *Guillaume Tell, ballet portugais.*

Le départ d'Aragon n'entraîne aucun nouveau départ. Renforcé des éléments que nous avons cités (Dali et Buñuel viennent de créer ensemble le grand film surréaliste : *l'Age d'Or* dont la projection a suscité la colère des « Jeunesses patriotes » [4]), le groupe continue de s'exprimer dans le *S. A. S. D. L. R.* dont deux numéros paraissent en 1931 et deux autres en 1933. Dali redonne même au mouvement une nou-

4. Qui ont saboté la salle de projection, maculé l'écran...

velle jeunesse en lui faisant adopter sa méthode d'analyse
« paranoïaque-critique ».

On sait ce qu'est la paranoïa. Elle consiste chez le sujet qui
en est atteint en un délire d'interprétation du monde, et de son
moi auquel il donne une importance exagérée. Mais ce qui
distingue cette maladie des autres délires c'est une systématisa-
tion parfaite et cohérente, l'obtention d'un état de toute-puissance qui conduit d'ailleurs souvent le malade à la mégaloma-
nie ou au délire de persécution. Elle a naturellement une
multitude de formes, cohérentes à partir de leur point de
départ, et s'accompagne d'hallucinations, d'interprétations délirantes de phénomènes réels. Le paranoïaque jouit physiquement d'une santé normale, il ne possède aucun trouble organique, et cependant il vit et agit dans un monde étranger. Loin
de se soumettre à ce monde comme la plupart des gens « normaux », il le domine au contraire, il le façonne par son désir.
La thèse du Docteur Lacan [5] qui paraît à ce moment intéresse
vivement les surréalistes et vient apporter à la position de Dalı
de sérieuses confirmations.

Déjà, dans *la Femme visible,* qui date de 1930, Dali avait
annoncé le moment proche où il serait possible de « systémati-
ser la confusion et de contribuer au discrédit total du monde
de la réalité » :

« La paranoïa, ajoutait-il, se sert du monde extérieur pour
faire valoir l'idée obsédante avec la troublante particularité de
rendre valable la réalité de cette idée pour les autres. La réalité
du monde extérieur sert comme illustration et preuve, et est
mise au service de la réalité de notre esprit. »

Mais que sera la paranoïa-*critique* ? Selon Dali, c'est une
méthode spontanée de connaissance irrationnelle « basée sur
l'objectivation critique et systématique des associations et interprétations délirantes », c'est-à-dire, et c'est Breton qui com-
mente :

« Il s'agit de spéculer ardemment sur cette propriété du
devenir *ininterrompu* de tout objet sur lequel s'exerce l'activité
paranoïaque, autrement dit l'activité ultra-confusionnelle qui
prend sa source dans l'idée obsédante. Ce devenir ininterrompu

5. *De la psychose paranoïaque dans ses rapports avec la personnalité.*

permet au paranoïaque qui en est témoin de tenir les images mêmes du monde extérieur pour instables et pour transitoires, sinon pour suspectes et il est, chose troublante, en son pouvoir de faire contrôler aux autres la réalité de son impression... Nous nous trouvons ici en présence d'une nouvelle affirmation, avec preuves formelles à l'appui, de la *toute-puissance du désir* qui reste depuis l'origine le seul acte de foi du surréalisme... »

Où et comment s'exerce cette activité ? Partout, dans le poème où elle est le plus à l'aise, dans la peinture qui ne sera que la « photographie à la main et en couleurs de l'irrationalité concrète et du monde imaginatif en général », dans la sculpture qui ne sera que « le moulage à la main de l'irrationalité concrète... » etc. Elle s'applique aussi bien au cinéma, à l'histoire de l'art « et même, le cas échéant, à toute sorte d'exégèse ». L'interprétation paranoïa-critique par Dali lui-même de *l'Angelus* de Millet, son apologie du modern' style [6] sont trop connues pour que nous y insistions.

Disons seulement, que pour lui, l'automatisme, et le rêve même, sont des états *passifs,* et d'autant plus qu'on les isole du monde extérieur où ils devraient s'ébattre en pleine liberté ; ils deviennent des refuges, des « évasions idéalistes », alors que la paranoïa est activité systématisée qui vise à une intrusion scandaleuse, dans le monde, des désirs de l'homme, de tous les désirs de tous les hommes [7].

La voie était ainsi ouverte à la notion des « objets surréalistes ». Qu'est-ce qu'un objet surréaliste ? On pourrait dire en gros : c'est tout objet *dépaysé,* c'est-à-dire sorti de son cadre habituel, employé à des usages autres que ceux auxquels il était

---

6. Dont les plus belles réalisations se trouvent à Barcelone, mais il y a aussi les entrées *1900* du métro parisien... et en général le style *1900* où qu'il s'applique.

7. « Le délire prend le caractère tangible et impossible à contredire qui le place aux antipodes mêmes de la stéréotypie de l'automatisme et du rêve. Loin de constituer un élément passif propice à l'interprétation et apte à l'intervention comme ceux-ci, le délire paranoïaque constitue déjà en lui-même une forme d'interprétation ; c'est précisément cet élément actif né de la « présence systématique » qui, au-delà des considérations générales qui précèdent, intervient, comme principe de cette contradiction en laquelle réside pour moi le drame poétique du surréalisme... »

destiné, ou dont on ne connaît pas l'utilisation. Par suite, tout objet qui semble fabriqué gratuitement, sans autre destination que la satisfaction de celui qui l'a créé, et par suite encore : tout objet fabriqué suivant les désirs de l'inconscient, du rêve. Les « ready-made » de Marcel Duchamp réalisaient avant la lettre ces conditions. Qui rend à ce point porteurs d'inconnu *le Porte-Bouteilles* ou les engrenages de *Broyeuse de Chocolat,* sinon qu'ils matérialisent les désirs du créateur, et répondent d'autant mieux à ce qu'on est habitué à demander à l'œuvre d'art que ces mêmes désirs peuvent être partagés par le spectateur ? Considérez un porte-bouteilles, objet banal s'il en est, conférez-lui de votre propre chef une valeur artistique en l'isolant de son cadre habituel, appelez l'inconscient de tous à le considérer dans son isolement et à oublier son usage, et voici créé un objet étrange, catalyseur d'une foule de désirs, de pulsions, d'instincts.

Picasso ne considère-t-il pas depuis longtemps la valeur de l'objet en lui-même ? Y a-t-il une autre raison aux papiers « collés », aux morceaux de journaux, aux bouts de ficelle, aux matières diverses qu'il a mis dans ses tableaux ? Et la technique du « collage » elle-même, pratiquée par Max Ernst, Georges Hugnet, signifiait déjà une irruption victorieuse de l'objet dans des domaines où on ne s'attendait pas à le voir, une effraction de la conscience, obligée de se mouvoir le long de rapports inattendus.

Si l'on considère que tout objet est capable de remplir, par la volonté de celui qui le choisit, ce rôle, le nombre des objets étant illimité, la gamme des sensations qu'ils causent devient très étendue. Ce peut être un aérolithe, un « anamorphe-conique » de Dali, un objet trouvé et qui répond d'autant mieux au désir du chercheur que les circonstances de sa trouvaille sont plus surprenantes, ou qu'il matérialise une recherche inconsciente. A ce compte, la foire à la brocante fut une source renouvelée de trésors pour Breton et ses amis. Qui a pu voir les nombreux objets qu'il y a trouvés, de la racine de mandragore à la cuiller à socle de sabot, peut seul en avoir une idée. Suivons Breton à la chasse aux merveilles. Le voici en arrêt devant un objet :

« Le premier d'entre eux qui nous attira réellement, qui exerça sur nous l'attraction du jamais vu, fut un demi-masque de métal, frappant de rigidité en même temps que de force d'adaptation à une nécessité de nous inconnue. La première idée, toute fantaisiste, était de se trouver en présence d'un descendant très évolué du heaume qui se fût laissé entraîner à flirter avec le loup de velours. Nous pûmes, en l'essayant, nous convaincre que les œillères striées de lamelles horizontales de même substance diversement inclinées, permettaient une visibilité parfaite... L'aplatissement de la face proprement dite en dehors du nez, qu'accentuait la fuite rapide et pourtant délicate vers les tempes... »

Ces considérations de Breton sont appelées par le fait qu'il n'a jamais vu l'objet en question, qu'il ne se doute pas de son usage. Ce n'était rien d'autre qu'un masque employé par les armées françaises au début de la guerre 1914-1918. Joë Bousquet le lui signale : le mystère évanoui, l'objet redevient banal.

Toutefois, Breton est accompagné ce jour-là du sculpteur Giacometti. Celui-ci, après de curieuses hésitations, se rend acquéreur du masque. Il se révéla en fin de compte que ce masque, Giacometti était, sans le savoir, à sa recherche, afin de lui faire prendre place dans une sculpture dont il n'avait pu, inexplicablement, qu'ébaucher le visage. C'est en ce sens que Breton parle du rôle *catalyseur* de la trouvaille :

« La trouvaille remplit ici rigoureusement le même office que le rêve, en ce sens qu'elle libère l'individu de scrupules affectifs paralysants, le réconforte, et lui fait comprendre que l'obstacle qu'il pouvait croire insurmontable est franchi. »

Plus parlante encore serait, à ceux qui voudront s'y référer, l'élucidation des conditions de la trouvaille au même endroit et le même jour, par Breton, d'une cuiller en bois peu banale. Il remonte pour ce faire à un rêve antérieur qui cherchait, lui aussi, obscurément à se réaliser.

Il n'est nullement besoin de démontrer la pertinence de l'explication de Breton. Chacun n'a qu'à s'en référer à lui-même, à contempler les objets dont il aime s'entourer, à se demander pourquoi il s'est rendu acquéreur de celui-ci, pourquoi tel autre a subi des éclipses d'attachement et de détachement, et à élucider s'il le peut les raisons de ses états affectifs à leur égard.

Plutôt que de s'en remettre au hasard, qui n'est pas toujours si bon prince, n'était-il pas possible de *fabriquer* des « objets surréalistes », qui exprimeraient au mieux les forces inconnues, les désirs du rêve, qui matérialiseraient des états et des formes à peine entrevus ? Breton avait préludé à cette création : il désirait faire circuler des objets vus en rêve et dont la fabrication réalisait pas à pas un plan entrevu jusque dans ses moindres détails [8]. On a accusé souvent le surréalisme d'une imagination débordante, tourmentée, quand on n'ajoutait pas qu'elle était morbide. Or, dans les objets surréalistes, le fabricant n'a fait qu'essayer de traduire dans la matière une forme rêvée, à dégager de la gangue raisonnable la trouvaille qui demandait à voir le jour. Invention, volonté, intention, attention, ingéniosité ? Il s'agit plutôt, par une mise aux ordres de l'inconscient, de la traduction automatique d'un texte déjà lu lettre par lettre.

Un autre pas dans ce domaine fut accompli par Dali avec les « objets à fonctionnement symbolique ». Il était parti d'une sculpture de Giacometti : *l'Heure des Traces,* qu'on peut grossièrement décrire comme formée de deux solides : l'un en forme de quartier d'orange, avec deux plans supérieurs se coupant en une arête prononcée, l'autre comme une boule fendue à sa base, et suspendue au-dessus du premier par un fil. Cette boule est donc mobile, et se déplace au-dessus du solide inférieur de façon que l'arête de celui-ci soit en contact avec la base fendue de l'autre. Ce contact n'est pas une pénétration. Tous ceux qui ont vu fonctionner cet objet ont éprouvé une émotion violente et indéfinissable, en rapport sans doute avec des désirs sexuels inconscients. Cette émotion ne ressemblait en rien à une satisfaction, mais bien plutôt à un agacement, comme celui que donne l'irritante perception d'un manque. La voie était désormais ouverte à la fabrication d'un grand nombre d'objets de ce genre. Dali en construisit plus qu'aucun autre, mais aussi Breton, Man Ray, Oscar Dominguez.

On ne saurait minimiser une telle avancée dans le domaine de l'automatisme. L'automatisme écrit, peint, sculpté (Picasso, Giacometti), photographié (May Ray), ne sortait pas des représentations. Le voici dans le domaine de la vie courante : voici plutôt la vie au service de l'inconscient. N'y fut-elle jamais ? Il

8. A. Breton, *Introduction au Discours sur le peu de Réalité* (cité plus haut).

n'y aurait à cet égard qu'à considérer la mode, féminine surtout, révélatrice de certains goûts, de certains désirs. Cependant
elle y était d'une façon épisodique, chancelante, imparfaite.
Les surréalistes, prenant conscience de leurs nouveaux dons, se
croient capables, en lançant dans le monde une quantité infinie
d'objets de ce genre, de la mettre totalement au service de
l'inconscient, de créer un monde pratique, usuel, accordé aux
désirs de l'homme. C'est en ce sens qu'il faut comprendre *la
volonté d'objectivation* du surréalisme dont parlait Breton. Le
domaine dans lequel elle s'exerce et s'exercera pourrait se
révéler sans limites.

La vie ne ressemble-t-elle pas d'ailleurs souvent au rêve ?
Qui définira la frontière séparant ces deux états ? L'un semble
appartenir à un monde forgé par nous, l'autre à un monde
matériel, durement matériel. Si cette distinction n'était
qu'apparence ? Le monde de nos rêves est aussi réel au
moment où nous le vivons que le monde éveillé, et dans la vie
diurne ne vivons-nous pas des événements « comme en rêve » ?
Même absence de logique, de rigueur, même présence d'êtres
que nous n'avons pas cherchés, même imbroglio d'actes qui
nous sont imposés, dictés par des ressemblances fortuites, par
des hasards que nous n'avons pas choisis. « On se tue comme
on rêve » avaient déjà dit les surréalistes. Mais « on vit aussi
comme on rêve ».

C'est ce qu'entreprend de démontrer Breton dans *les Vases
communicants*. Retraçant une certaine période de sa vie, il
observe dans les rêves qu'il fait à ce moment-là, et qu'il inter-
prète selon la méthode psychanalytique, une simple transposition des événements de sa vie journalière ; tandis que les événements de cette vie s'enroulent, comme dans le rêve, autour de
ses préoccupations, de ses sentiments, de ses désirs : ce ne sont
que rencontres, associations d'idées, jeux de mots, engrenages
cocasses ou tristes d'événements inachevés. Ce qui le guide
dans la vie diurne, c'est une fantaisie accordée au désir, et pas
plus raisonnable que dans le rêve. Les obligations bien maté-
rielles, la satisfaction de nos besoins organiques, n'ont pas plus
d'importance, remarque-t-il, que le besoin de respirer quand
nous sommes endormis. Est-ce cela qui compte pour le dormeur ? Ce qu'il faudrait plutôt expliquer, c'est pourquoi,
quand je suis éveillé, je me trouve ici ou là, séduit par les yeux

d'une femme, retrouvant cette même couleur d'yeux chez une autre, et m'attachant à elle pour *cette seule raison,* pourquoi je me détermine à telle activité qui ne m'est pas plus nécessaire ou indifférente que telle autre, pourquoi me parvient aujourd'hui telle lettre de tel ami, et non de tel autre, et pourquoi son nom est en rapport avec d'autres idées par ailleurs étrangères à lui, etc. [9].

A la vérité, le rêve et la veille sont deux vases communicants où se manifeste une seule force : le désir. Il est significatif d'observer :

« comme l'exigence du désir à la recherche de *l'objet* de sa réalisation dispose étrangement des données extérieures, en tendant égoïstement à ne retenir d'elles que ce qui peut servir sa cause. La vaine agitation de la rue est devenue à peine plus gênante que le froissement des draps. Le désir est là, taillant en pleine pièce dans l'étoffe pas assez vite changeante, puis laissant entre les morceaux courir son fil sûr et fragile. Il ne le céderait à aucun régulateur objectif de la conduite humaine... »

Qu'on cesse donc de parler de domaines hétérogènes, antagoniques même. « Le rêve et l'action », encore une fausse antinomie. Il semble que la logique ne soit à l'aise qu'au milieu de ces analyses, de ces divisions, de ces oppositions : le normal et la folie, l'inconscient et le conscient, la parole et les actes, le tien et le mien, quand en réalité il n'y a que des champs, différents et nullement opposés, d'application du désir. De ce désir, Breton fait le grand moteur, et aussi le grand unificateur : c'est lui, en fin de compte, qui exprime le mieux l'homme, qui constitue son essence. Jugulé, brimé, détourné de ses fins, il arrive *malgré tout* à se faire toujours sa place. Le surréalisme n'a rien tant désiré que le délivrer de ses chaînes, des oripeaux dont il est parfois obligé de se déguiser. Il ne suffit pas d'en proclamer la toute-puissance, il faut le débarras-

9. « Qu'est-ce que ce procès intenté à la vie réelle, sous prétexte que le sommeil donne l'illusion de cette vie, illusion découverte à l'éveil, alors que dans le sommeil la vie réelle, à supposer qu'elle soit illusion, n'est en rien critiquée, tenue pour illusoire ? Ne serait-on pas aussi fondé parce que les ivrognes voient double à décréter que, pour l'œil d'un homme sobre, la répétition d'un objet est la conséquence d'une ivresse "un peu différente" ? »

ser des obstacles qui entravent sa réalisation, ceux qui viennent de la société, ceux qui tiennent à la condition humaine. La vraie révolution, pour les surréalistes, c'est la victoire du désir.

Utopie littéraire, si en même temps ils n'avaient l'intention de peser de tout leur poids sur la première révolution à réaliser : celle qui conditionne les changements dans la vie, les mœurs, les sentiments : la révolution sociale qui détruira l'état invivable où ils se trouvent, où se trouve la majorité des hommes. C'est donc à côté de leur activité propre où les voici en vue de nouvelles terres, et en même temps que cette activité, une volonté de s'insérer encore plus profondément dans la vie politique, et cela tout au long des années qui vont suivre. Il existe désormais, à partir de 1933, une « politique du surréalisme » qui se trouvera de plus en plus à l'étroit à l'intérieur des cadres communistes pour finalement les briser et s'en dégager. C'est cette politique surréaliste que nous voudrions maintenant examiner.

3. *La politique surréaliste*

> « Nous avons proclamé depuis long-
> temps notre adhésion au matérialisme
> dialectique dont nous faisons nôtres
> toutes les thèses. »   André Breton.

Elle s'était marquée en 1931 par trois tracts contre l'Exposition coloniale et par une participation active à l'Exposition anti-coloniale des communistes. Aragon et Eluard notamment s'étaient chargés, avec un plein succès, de la décoration de certains stands. Après la rupture d'Aragon avec le groupe, les rapports deviennent plus tendus avec le P. C. F. On se souvient notamment de la mobilisation massive des Congrès « d'Amsterdam-Pleyel » qui, menée par Barbusse et Romain Rolland, devait faire « reculer la guerre ». Les surréalistes n'ont pas

confiance dans le pacifisme humanitaire de ces deux hommes
et se prétendant meilleurs disciples de Lénine que les communistes eux-mêmes, lancent le mot d'ordre fameux : « Si vous
voulez la paix, préparez la guerre civile [10]. »

C'est à ce moment (fin 1933) que Breton, Eluard et Crevel
sont exclus du Parti communiste : parce qu'ils attaquent la
nouvelle initiative communiste, parce qu'on les rend solidaires,
et qu'ils sont solidaires en effet, d'un article de Ferdinand
Alquié publié dans le *S. A. S. D. L. R.* Ce dernier dénonçait le
« vent de crétinisation qui souffle d'U. R. S. S. », à travers des
films comme *le Chemin de la Vie* où sont exaltées des valeurs
conformistes, (ne serait-ce que ce fameux amour du travail,
bête noire des surréalistes). Crevel rentrera en grâce quelques
mois plus tard, au point de collaborer à *Commune*, organe de
l'A E. A. R. Breton et Eluard (celui-ci pour quelques années)
se sépareront de plus en plus du communisme officiel, et
seront amenés à le combattre.

Leurs premiers faits d'armes en tant que politiques dégagés
de l'influence de la IIIe Internationale commencent aussitôt.

1934 marque, on s'en souvient, l'irruption des masses dans la
rue, la ruine provisoire du parlementarisme. Celui-ci, déconsi-
déré par les affaires Stavisky et Prince, grossies en énormes
scandales du régime, se survit jusqu'à la déclaration de la
guerre qu'il entérinera. Il semble que les camps en présence
veuillent se combattre désormais en dehors de son arène factice, à visage découvert, et il sera la première victime du coup
d'état manqué du 6 février. Les fascistes et la réaction sociale,
s'ils ne réussissent pas en effet à jeter bas le régime, montrent
clairement que la solution se trouve en dehors du Parlement.
Et ce n'est certes pas lui que défendent les masses ouvrières
mobilisées lors de la grève générale qui s'ensuit... Le « 6 Février » a été un avertissement sérieux pour les révolutionnaires.
Vont-ils, comme en Italie, comme en Allemagne, laisser les
tenants de la réaction politique et sociale apparaître comme les
seuls capables d'effectuer un changement de régime ? Ne
doivent-ils pas se ressaisir, en faisant l'unité de leurs forces

---

10. Dans un tract intitulé *La mobilisation contre la guerre n'est
pas la paix* et signé par : Breton, Caillois, Char, Crevel, Eluard,
Monnerot, Péret, Rosey, Tanguy, Thirion.

d'abord, en mettant ensuite l'accent sur la nécessité immédiate du changement radical qu'ils ont toujours prôné ?

Au milieu de ces remous, les surréalistes font entendre leur voix. Ils sont, bien entendu, du côté des révolutionnaires et lancent dès le 10 février un *Appel à la Lutte*. Ils demandent la formation urgente d'une unité d'action étendue à toutes les organisations ouvrières, la création d'un organisme « capable d'en faire une réalité et une arme ». Ils sont loin d'être les seuls signataires de l'appel (il semble d'ailleurs que l'initiative ait été prise à côté d'eux) et ils rallient un grand nombre d'intellectuels qui iront grossir plus tard les rangs du « Comité de Vigilance des Intellectuels [11] ». Le 18 février, nouveau tract envoyé aux mêmes organisations sur le même sujet et comportant une enquête précise sur les moyens de réaliser cette « unité d'action du prolétariat ». Les surréalistes sont, cette fois, en plein dans la lutte. Breton n'a pas menti quand il affirmait que le moment venu les surréalistes prendraient place dans le rang [12] ! Ils s'agrègent un peu plus tard au « Comité de Vigilance » en signant le Manifeste du 25 mars 1935 qui condamne tout retour à « l'Union sacrée ». C'est qu'en effet un événement important s'était produit entre-temps : la signature du pacte franco-soviétique d'assistance en cas de guerre, marqué par le voyage de Pierre Laval à Moscou, avec un ralliement concomitant des communistes français à la politique étrangère de leur pays.

11. Relevons-y, outre les noms des surréalistes, ceux de J.-R. Bloch, Félicien Challaye, Louis Chavance, Elie Faure, Ramon Fernandez, Jean Guéhenno, Henri Jeanson, Fernand Léger, André Lhote, Maximilien Luce, André Malraux, Marcel Martinet, Paul Signac, etc.

12. Un fait de moindre importance les alerte à ce moment : Léon Trotsky est frappé d'un arrêté d'expulsion par le gouvernement français à qui il avait demandé asile après avoir été chassé de Russie, puis quitté la Turquie. Les surréalistes se lèvent à cette occasion pour protester contre cette mesure et mettent leur point d'honneur à saluer en particulier l'auteur de cette formule qui nous est une raison permanente de vivre et d'agir : « Le socialisme signifiera un saut du règne de la nécessité dans le règne de la liberté, aussi en ce sens que l'homme d'aujourd'hui plein de contradictions et sans harmonie fraiera la voie à une nouvelle race plus heureuse. » (Texte du tract publié à cette occasion.)

C'est apparemment sur le même plan du rapprochement franco-soviétique qu'est organisé le « Congrès des écrivains pour la défense de la culture ». De même qu'ils avaient dénoncé le Congrès pacifiste « d'Amsterdam-Pleyel », tout en proclamant leur volonté de s'y exprimer, les surréalistes demandent à participer à ce Congrès qui doit rassembler les intellectuels avancés de tous les pays. Ils attirent l'attention des organisateurs sur deux faits : d'abord, ils ne pourraient être inconditionnellement pour une « défense de la culture », celle-ci n'étant autre que la culture que s'est donnée la bourgeoisie ; ils ne veulent pas davantage assister à une réunion à grand spectacle où chacun se bornerait à proclamer sa foi pacifiste et antifasciste. Il ne faut pas que l'on renonce à poser et à débattre des questions litigieuses fort importantes pour le plaisir d'une unité dans les mots. Leur demande n'est pas prise en considération. Ils sont tenus en dehors des travaux d'organisation du Congrès, n'en sont point signalés comme participants ni sur les affiches ni sur les programmes, et un seul d'entre eux pourra prendre la parole en leur nom. René Crevel insiste très vivement auprès de ses amis communistes pour que cette dernière clause soit au moins respectée. C'est apparemment en raison du suicide de Crevel ce même jour, pour des raisons restées obscures (mais qu'il avait suffisamment fondées, nous l'avons vu), qu'Eluard peut lire devant le Congrès un texte écrit par Breton. On n'a pas permis à celui-ci de le lire lui-même en raison d'incidents survenus quelques jours auparavant avec un membre de la délégation soviétique [13]. Le rappel de ces incidents, la peur d'un sabotage de la réunion par les surréalistes, avaient énervé l'assistance. La lecture d'Eluard s'effectue dans le tumulte, et Barbusse écrit le lendemain dans *L'Humanité* qu' « Eluard se prononça contre le pacte franco-soviétique et contre une collaboration culturelle entre la France et l'U. R. S. S. », déformant à dessein les paroles prononcées.

Breton ne faisait pourtant que mettre en garde ses amis

---

13. Ilya Ehrenbourg avait traité, tout comme Claudel, l'activité surréaliste de « pédérastique ». Breton l'ayant rencontré, par hasard, dans la rue, l'avait corrigé.

révolutionnaires contre la politique de la bourgeoisie française :

« Si le rapprochement franco-soviétique s'impose, c'est moins que jamais le moment de nous départir de notre sens critique : à nous de surveiller de très près les *modalités* de ce rapprochement... » disait-il. L'assistance, pourtant composée d'intellectuels, est insensible aux nuances et ne veut voir là qu'une attaque contre l'Union Soviétique. Les déclarations de Breton sont froidement accueillies quand, fidèle à la tradition surréaliste, il dénonce une fois de plus la notion de patrie que les communistes prennent désormais à leur compte. Il refuse de les suivre sur leur nouveau terrain :

« Nous refusons pour notre part de refléter dans la littérature comme dans l'art la volte-face idéologique qui s'est traduite récemment dans le camp révolutionnaire de ce temps par l'abandon du mot d'ordre : « transformation de la guerre impérialiste en guerre civile »... Nous ne travaillerons pas à l'étouffement de la pensée allemande... si agissante hier, dont ne peut manquer d'être faite la pensée allemande révolutionnaire de demain... »

L'intervention ne se borne pas à des considérations politiques, elle s'étend à l'art. Et notons dès maintenant cette évolution du surréalisme : il se considère comme un mouvement culturel formé d'artistes ralliés à la révolution, devenus « compagnons de route » de celle-ci et laissant la direction aux politiques. Or, dit Breton :

« L'œuvre d'art vit, dans la mesure où elle est sans cesse recréatrice d'émotion, où la sensibilité de plus en plus générale y puise de jour en jour un aliment plus nécessaire... »

Elle n'est pas atteinte par les bouleversements sociaux dans la mesure où elle réalise un « équilibre » parfait de l'externe (la forme) et de l'interne (le contenu manifeste). Dans ce cas unique, Breton se déclare prêt à « défendre la culture ». Les œuvres « classiques » que s'est choisies la société bourgeoise n'ont pas à être conservées, mais seules les œuvres « annonciatrices » de Nerval, Baudelaire, Lautréamont, Jarry. Poussant son analyse, il veut distinguer Courbet démolisseur de la Colonne et Courbet peintre, Rimbaud qui n'est pas passé à la postérité en tant que « jeune tirailleur de la Révolution » mais

parce qu'il fut avant tout révolutionnaire en poésie [14]. Une fois
de plus, Breton s'élève contre la conception d'un art de propagande ou de circonstance, au profit d'un art qui porte en lui-
même sa force révolutionnaire, produit d'hommes qui sentent
et pensent en révolutionnaires.

Le siège des congressistes est fait ; les déclarations de Breton, énoncées par Eluard, ne sont pas prises en considération.
Aussi, dans une brochure [15] dans laquelle ils résument les
leçons du Congrès, les surréalistes écrivent-ils à propos de la
création de « l'Association internationale pour la défense de la
culture » et de son Bureau de 112 membres (désignés en sous-
main par les communistes) :

« Ce Bureau, cette Association, nous ne pouvons que leur
signifier formellement notre défiance. »

Ils déclarent en même temps ne pas vouloir « accepter sans
contrôle les mots d'ordre actuels de l'I. C. et approuver a priori
les modalités de leur application ». Finalement, après avoir cité
divers exemples tirés de la presse soviétique, ils signifient leur
défiance au régime présent de la Russie et à son chef [16].

Cette fois c'est la rupture définitive, formulée, avec le Parti
communiste de l'U. R. S. S. et sa Section française. Ce n'est pas
la rupture avec la Révolution.

Breton le prouve en publiant cette même année *Position
politique du Surréalisme*. Il s'insurge d'abord contre le rôle
providentiel que seraient amenés à jouer partout ceux qui ont

14. « Transformer le monde », a dit Marx, « changer la vie », a
dit Rimbaud, ces deux mots d'ordre pour nous n'en font qu'un
(Breton).
15. *Du temps que les surréalistes avaient raison* (août 1935).
16. « Bornons-nous à enregistrer le processus de régression rapide
qui veut qu'après la patrie ce soit la famille qui, de la Révolution
russe agonisante, sorte indemne. Il ne reste plus là-bas qu'à rétablir
la religion — pourquoi pas ? — la propriété privée, pour que c'en
soit fait des plus belles conquêtes du socialisme. Quitte à provoquer
la fureur de leurs thuriféraires, nous demandons s'il est besoin d'un
autre bilan pour juger à leurs œuvres un régime, en l'espèce le
régime *actuel* de la Russie soviétique et le chef tout-puissant sous
lequel ce régime tourne à la négation même de ce qu'il devait être et
de ce qu'il a été.
» Ce régime, ce chef, nous ne pouvons que leur signifier formellement notre défiance. »

fait la Révolution en Russie, par suite contre l'attitude admirative qui devrait être, d'après les communistes, le seul comportement des révolutionnaires occidentaux à l'égard de ce qui s'est passé et se passe en Russie. D'une part, dit Breton, on constitue un véritable *tabou*, d'autre part on dénie la capacité de *refus*, seul moteur véritable de l'activité révolutionnaire. Breton ne veut pas se réfugier dans cette attitude, à son sens rétrograde ; il s'en détourne au contraire pour retrouver *l'action*, nécessaire, immédiate [17] et il annonce la fondation de *Contre-Attaque* « Union de lutte des intellectuels révolutionnaires » [18].

Les participants à ce mouvement se dressent contre les idées de nation et de patrie, contre le capitalisme « et ses institutions politiciennes ». Ils dénoncent le Front populaire en formation, dont ils prévoient la faillite, pour la simple raison qu'il veut accéder au pouvoir dans le cadre des institutions bourgeoises.

En dehors de ces négations, ils proclament que leur cause « est celle des ouvriers et des paysans » sans reconnaître, par démagogie, la vie de ceux-ci « comme la seule bonne et vraiment humaine ». L'organisation est ouverte à tous les révolutionnaires, marxistes ou non, qui reconnaissent comme postulats :

« L'évolution du capitalisme vers une contradiction destructrice, la socialisation des moyens de production comme terme au processus historique actuel, la lutte de classes comme facteur historique et comme source de valeurs morales essentielles. »

17. « Par-delà les considérations qui suivent et qui sont celles auxquelles m'a mené la préoccupation qui est, depuis dix ans, la mienne de concilier le surréalisme comme *mode de création d'un mythe collectif* avec le mouvement beaucoup plus général de libération de l'homme qui tend d'abord à la modification fondamentale de la forme bourgeoise de propriété, le problème de *l'action,* de l'action immédiate à mener, demeure entier. »
18. Dont le Manifeste daté du 7 octobre 1935 est signé en dehors de Breton, Eluard, Pastoureau, Péret, par d'anciens surréalistes comme Boiffard, par des sympathisants au surréalisme comme Claude Cahun, Maurice Heine, des intellectuels comme l'acteur Roger Blin, P. Aimery, etc., et l'ancien ennemi de Breton : Georges Bataille, cheville ouvrière du mouvement.

Ces prises de position révèlent une lucidité qui manquera à bien des participants au Front Populaire. Les surréalistes et leurs amis sont obsédés par la facilité avec laquelle les fascistes ont réussi, dans différents pays, à désorganiser les forces révolutionnaires, à les battre, à prendre le pouvoir. Aussi proclament-ils la nécessité de rompre avec la tactique traditionnelle des partis ouvriers, d'appliquer pour l'attaque contre le régime actuel « une tactique renouvelée » fondée sur la constatation que les fascismes ont su utiliser les armes politiques « créées par le mouvement ouvrier » et qu'il n'y a aucun inconvénient, bien au contraire, à ce que les mouvements révolutionnaires prolétariens utilisent à leur tour les armes créées par les fascismes : notamment l'aspiration fondamentale des hommes à l'exaltation affective et au fanatisme [19]. Il s'ensuit que : « Sans aucune réserve, la Révolution doit être tout entière agressive, ne peut être que tout entière agressive... »

Le programme de *Contre-Attaque,* bien que muet sur quantité de questions qui ne se résolvent pas seulement par des formules, s'opposait au courant de résignation qui semblait emporter les masses vers la servitude fasciste. L'expérience du Front Populaire, menée, d'après les propres paroles de son dirigeant Léon Blum, en vue « d'éviter la Révolution », ne pouvait que confirmer la position politique de ces intellectuels. Leur mouvement avortera parce qu'ils sont justement des intellectuels, sans racines dans le prolétariat, sans contact avec les forces vives de l'histoire, momentanément annihilées, hypnotisées par l'approche de la guerre. *Contre-Attaque,* après une vie végétative de quelques mois, ira rejoindre les innombrables plans bien intentionnés dont est pavée la voie de l'émancipation révolutionnaire.

19. « Ce n'est pas une insurrection informe qui s'emparera du pouvoir. Ce qui décidera aujourd'hui de la destinée sociale, c'est la création organique d'une vaste composition de forces, disciplinée, fanatique, capable d'exercer le jour venu une autorité impitoyable... »

4. Vers un « art surréaliste »

« Léger et vif comme un flic assommant un ouvrier. »   Benjamin Péret.

Cette activité politique double une activité artistique. A ce moment en effet le surréalisme sort vraiment de France, féconde au-delà des frontières des groupes d'intellectuels de plus en plus nombreux, unis sur les idées théoriques de Breton. En dehors du groupe belge, adulte déjà, du groupe tchécoslovaque fondé dès 1933, il s'en forme en Suisse, en Angleterre, au Japon. Les expositions se suivent dans ces pays et n'ont pas toujours un succès de scandale (Londres 1936). Breton se fait le commis-voyageur infatigable du mouvement : conférences à Prague, Zurich, les Canaries ; interviews aux journaux étrangers où inlassablement il fait le point, détruit des légendes, propose des solutions, soulève les ricanements ou l'enthousiasme. On le sollicite de Londres, Copenhague, Barcelone, New York, Buenos Aires, où existent des hommes qui veulent collaborer au mouvement et souvent y collaborent en effet. A Paris même, c'est l'ouverture d'un « Cycle systématique de conférences sur les plus récentes positions du surréalisme [20] » que Breton présente en ces termes :

20. Recopions le programme alléchant des quatre conférences de ce Cycle (juin 1935).
« I. *Pourquoi je suis surréaliste,* par XXX. Breton commentera la projection de quelques images convulsives-fulgurantes (de Lautréamont, Jarry, Péret, Picasso, Chirico, Duchamp). Images de Man Ray. Dali, vêtu d'une manière appropriée, lira son poème : « Je mange Gala. » Conseils d'ami, par Ernst.
» II. *Le surréalisme disparaîtra-t-il avec la société bourgeoise ?* Discours sur des ruines, par Breton. Physionomie surréaliste d'une rue, par Malet (avec présentation d'affiches lacérées). Dali traitera

« Le surréalisme se nierait à ses propres yeux s'il prétendait avoir donné à quelque problème que ce soit une solution définitive. C'est par l'objection de son devenir même, de son devenir seul que nous entendons à chaque instant soutenir et recréer la confiance qui nous est faite. »

Déclaration semblable, presque mot pour mot, à celle du premier numéro de *la Révolution surréaliste.* Qui les accusera de s'être figés dans une tradition ?

Depuis dix ans, la pierre surréaliste n'a pas amassé mousse : Breton signalait dans la présentation de ce Programme de conférences « l'impossibilité de poursuivre notre action sur le plan strictement autonome qui avait été le nôtre, où nous avons réussi à le maintenir pendant dix ans ». Traduisez : nous n'avons pas d'organe à nous, pour nous exprimer. C'est vrai : le dernier numéro du *S. A. S. D. L. R.* porte la date du 15 mai 1933. Aucune nouvelle revue surréaliste ne lui succède. Les surréalistes collaborent depuis quelque temps à une livraison d'art luxueusement éditée par Skira, dirigée par Tériade : *Minotaure,* et après l'élimination de son directeur, réussiront toutefois à en faire, dans les dernières années de sa publication, un organe surréaliste. Les illustrations en constituent une partie importante et donnent du champ aux nombreux peintres surréalistes : Arp, Bellmer, Brauner, Dali, Delvaux, Dominguez, Ernst, Giacometti, Magritte, Miro, Paalen, Penrose, Man

---

de l'activité paranoïaque-critique en prenant pour exemple l'énigme de l'*Angelus* de Millet... Cette conférence sera illustrée de 30 projections et accompagnée d'une pantomime tragique-atmosphérique entre le personnage mâle et le personnage femelle de l'*Angelus.*

» III. *De l'évidence poétique,* par Eluard. Cette conférence sera illustrée de 30 projections. La femme surréaliste, par Arp. Présentation par Hugnet. Conférence sur l'amour, par Péret (avec présentation de l'objet aimé). Du hasard objectif comme pivot de la conception surréaliste de la vie, par Breton. Cet exposé sera suivi de la reconstitution de quelques faits de hasard objectif s'étant produits à la suite de la publication de *Nadja* (mise en scène de Max Ernst).

» IV. Breton traitera de la *situation surréaliste de l'objet* et corrélativement de la *situation de l'objet surréaliste.* Hugnet : le surréalisme et la vie courante : l'objet usuel (objets susceptibles de devenir usuels, par Tanguy). Dali présentera les derniers objets surréalistes et les derniers êtres-objets, les fera fonctionner en public et expliquera les truculences symboliques de leurs mécanismes. Breton donnera connaissance de ses premiers poèmes-objets. »

Ray, Remedios, Seligmann, Tanguy, etc., tandis que Picasso, Masson, Chirico, Duchamp en illustrent à tour de rôle les couvertures.

Là encore, l'Enquête constitue le moyen de prospection favori des surréalistes. Breton et Eluard en ouvrent une nouvelle : « Pouvez-vous dire quelle a été la rencontre capitale de votre vie ? Jusqu'à quel point cette rencontre vous a-t-elle donné, vous donne-t-elle l'impression du fortuit, du nécessaire ? » Les réponses en seront commentées plus loin. Breton présente les dernières productions poétiques du surréalisme [21], notamment celles de Gisèle Prassinos, fillette de quatorze ans qui, selon les stricts procédés de l'écriture automatique, aligne avec un bonheur constant les images les plus saugrenues et les plus dépaysantes. Cette « nouvelle Alice » vit en plein merveilleux, et c'est l'occasion pour Breton de préciser cette dernière notion, « seule source de communication éternelle entre les hommes » : le merveilleux est un abandon pur et simple aux lois de l'inconscient, un don gratuit et qui ne saurait se confondre, comme l'ont cru les symbolistes, avec la recherche du mystère, artificiel, faux, volontaire. Le merveilleux est doué d'une éternelle jeunesse, alors que le Symbolisme a désigné à la mort de l'oubli les productions où il a fait un large usage du mystère. Le mystère n'est qu'un expédient factice, dérisoire, alors que le merveilleux est la loi même de la vie. Une loi plus générale peut être tirée de cette opposition, et qui rejoint la découverte fondamentale du surréalisme. Si, depuis Baudelaire en effet, les poètes se sont aperçus que le langage menait une vie autonome, et que les mots étaient susceptibles de mille combinaisons, ceux qui voulurent maîtriser ces combinaisons — les fortes têtes de l'école mallarméenne — échouèrent généralement, alors que ceux qui se livrèrent pieds et poings liés au monstre — Lautréamont, Cros, Rimbaud, Corbière, Jarry, Mæterlinck — reçurent de leur abandon la grâce poétique. Autrement dit, l'automatisme libère les forces de l'inconscient, seul poétique, alors que l'intelligence les annihile et passe dans ses constructions savantes à côté de la poésie.

Le groupe surréaliste continue de se passionner pour les problèmes poétiques, qu'il ne peut d'ailleurs séparer des pro·

21. *Minotaure*, nº 6 (décembre 1931).

blèmes révolutionnaires. On verra peut-être dans les premiers subtilité inutile, byzantinisme ? Breton ne s'en défend pas. Il constate qu'il existe un divorce certain entre l'artiste et l'ouvrier, tous deux combattants de la même armée révolutionnaire, et il ne peut faire par ses seules forces que ce divorce n'existe pas. L'artiste dit-il, bénéficie de la culture donnée par la bourgeoisie et se trouve engagé — *volens nolens* — dans une aventure secrète, pleine de charmes et de découvertes. Le danger réside précisément en ce que cette voix intérieure peut recouvrir toutes les autres et devenir la seule audible. Comment le prolétaire, qui n'a pas bénéficié des mêmes avantages culturels, peut-il comprendre ce repli dans lequel il voit noué l'artiste ? Comment, surtout, ne l'accuserait-il pas de l'abandonner à sa lutte, d'abandonner la lutte pour un but égoïste ? Breton voit ce divorce et le déplore ; il s'avoue, implicitement, incapable de le surmonter.

De ce moment où Breton se range, qu'il le veuille ou non, dans la catégorie des *artistes,* daterait l'avortement du mouvement surréaliste.

Le surréalisme est en effet parti d'une tentative collective, encore jamais tentée, de révolution sur le plan de l'esprit. Il est obligé, pour faire ses premiers pas, d'abandonner ce plan et de se jeter dans la mêlée politique. Le ralliement à la Révolution Politique exigeait l'emploi de toutes ses forces, par suite, l'abandon de la philosophie particulière qui avait marqué à son origine l'existence du mouvement. Le surréalisme allait-il consentir à son suicide ? Il espéra s'en tirer par une manifestation : l'adhésion au Parti communiste. Cependant, là encore, les surréalistes ne participent pas à la lutte en tant que communistes, mais comme surréalistes, jusqu'au jour où ils sont obligés de briser. Ils veulent se cacher l'antinomie de leur position en défendant à la fois les intérêts de l'esprit et ceux de la classe ouvrière, mais en se créant pour eux-mêmes une spécialisation qui, en fin de compte, laissait la tâche de la Révolution nécessaire à accomplir aux politiques. Chaque crise exprime le heurt au sein du mouvement des forces surréalistes et des forces communistes, ou la disrythmie entre le plan de l'esprit et celui des faits : le surréaliste Desnos ne veut pas devenir communiste, le communiste Aragon ne peut plus être surréaliste. Si les deux voies sont parallèles elles ne peuvent se confondre. Le surréalisme ne sera vivant qu'autant que Breton, parvenant à œuvrer sur les deux plans, le nourrira de ses contradictions. De ce point de vue, le *Deuxième Manifeste* exprime l'avancée extrême sur ces deux plans : sur celui de l'esprit la recherche, jusqu'à l'occultisme et l'initiation ésotérique, sur le plan de l'action, la mise aux ordres du militantisme communiste.

L'arrivée de Dali donne un regain de jeunesse au mouvement en ce qu'il le replace sur ses rails antérieurs : l'esprit tout-puissant capable de façonner, grâce à son délire, le monde durement matériel des faits. Et les surréalistes purent croire le problème résolu dès qu'ils se sentirent le pouvoir d'agir sur les objets, de les façonner suivant des désirs inconnus d'eux-mêmes. Comment auraient-ils pu faire partager leur délire à tout un monde ? Sur ce monde économique, social et politique, ils ne peuvent exercer aucune action. Ils ne pouvaient tout au plus agir que sur une couche assez mince d'intellectuels. Et, pour ce faire, quel autre canal que l'art ? Dépassé certes, nié, n'ayant plus rien de semblable à ce qui se faisait avant eux, mais dont ils avaient si justement perçu les limites. C'était retomber dans les valeurs individualistes (même multipliées) dont on avait tenté à grand-peine de se débarrasser. Breton s'en rend compte confusément. Le fait qu'il se range parmi les artistes réduit le surréalisme tout entier à un grand mouvement artistique révolutionnaire, ayant son influence sur la vie dans la mesure limitée où l'art influe sur celle-ci. Il n'a pu remplir la mission initiale qu'il s'était donnée : « la destruction radicale de tout un monde ».

Aussi, à partir de ce moment, assistons-nous à de pures *manifestations* artistiques et politiques qui sont comme l'efflorescence du mouvement, le bouquet d'un feu d'artifice qui se meurt faute de poudre. Les anciens surréalistes, exclus ou qui sont partis, sont venus plus rapidement à l'art ou à la révolution. Ils n'ont fait que précéder l'ensemble du mouvement qui éclate bientôt dans ces deux directions en faisant sauter la charnière qui maintenait les forces antagoniques. Le mérite de Breton aura été de les maintenir soudées, pendant toute l'histoire du mouvement.

Sur le plan politique, les surréalistes sont toujours dans la lice. Ils viennent donner un coup d'épaule à ceux (ils sont dans ces années 37-38 encore quelques-uns) qui n'abdiquent pas.

Hélas ! c'est tout un monde qui s'écroule. Benjamin Péret va rejoindre en Espagne les volontaires de dix nations dressés dans un ultime sursaut révolutionnaire ; Eluard fustige les assassins de Guernica dans un de ses plus beaux poèmes ; Breton appelle au secours de la Révolution russe en danger. Ils crient dans une caverne : les événements aveugles sont plus forts que les hommes lucides.

Sur le plan de l'art, ils bataillent aussi : ils clament les vérités qu'ils ont conquises. Eluard prononce, dans le cadre de l'Exposition 1937 [22], une conférence sur « l'Avenir de la poésie » où il lance ses aphorismes fameux :

« On a dit que partir des mots et de leurs rapports pour étudier scientifiquement le monde, ce n'est pas notre droit, c'est notre devoir. Il aurait fallu ajouter que ce devoir est celui même de vivre, non pas à la manière de ceux qui portent leur mort en eux, et qui sont déjà des murs ou des vides, mais en faisant corps avec l'univers, avec l'univers en mouvement, en devenir.

» La poésie ne se fera chair et sang qu'à partir du moment où elle sera réciproque. Cette réciprocité est entièrement fonction de l'égalité du bonheur entre les hommes. Et l'égalité dans le bonheur porterait celui-ci à une hauteur dont nous ne pouvons encore avoir que de faibles notions.

» Cette félicité n'est pas impossible. »

Toujours dans le cadre de l'Exposition, Breton parle à la Comédie des Champs-Elysées de l'Humour noir, dont il voit la source jaillissante en Jacques Vaché avec qui cet UMOUR prend un caractère « initiatique et dogmatique ». Il publie la même année *l'Amour fou* où se systématise une valeur surréaliste qui n'est pas neuve : le *hasard objectif*. Déjà dans *Nadja* et *les Vases communicants,* il s'était plu à relever quantité d'incidents extérieurs : rencontres, hasards, événements inattendus, coïncidences, rebelles à un continuum logique, mais qui

---

22. Toujours dans le cadre de l'Exposition : Michèle Alfa, Marcel Herrand, Jean Marchat, J.-L. Barrault, Sylvain Itkine, Paul Eluard récitent des poèmes de Borel, Baudelaire, Nerval, Lautréamont, Rimbaud, Nouveau, Cros, Jarry, Mæterlinck, Saint-Pol Roux, Apollinaire, Reverdy, Jouve, Breton, Tzara, Eluard, Michaux, Péret, Char, Picasso, unissant dans un même embrassement ceux qui n'ont pas désespéré de l'homme et de son destin.

résolvent des débats intérieurs, matérialisent des désirs inconscients ou avoués. La vie et le rêve, avait-il montré, sont deux vases communicants, où les événements sont homologues et sans qu'on puisse affirmer que, pour l'individu, ceux-ci soient plus réels que ceux-là. Cette fois il va plus loin : il abolit toute frontière entre l'objectif et le subjectif. Il existe d'après lui, entre le monde et l'homme, une correspondance perpétuelle et de tous les instants. Il existe surtout une continuité des événements du monde qui peut être antérieurement perçue et dont les correspondances demeurent invisibles. L'auto-analyse permet de les déceler. Breton en donne une illustration personnelle par la *Nuit du Tournesol.*

Il se reporte à 1923, époque à laquelle il avait écrit un poème de faible valeur poétique, reconnaît-il, et qu'il avait oublié de ce fait. Onze ans plus tard, le voici aux prises avec des événements qui suivent, au pied de la lettre, la démarche du poème. La femme qu'il rencontre est celle-là même qu'il décrivait dans son poème sans la connaître ; les lieux qu'ils fréquentent tous deux sont ceux qu'il a autrefois décrits ; les gestes, les sensations, jusqu'à la « couleur du temps » ont été prévus et peints dans les moindres détails. Mieux : la présence de certaines scories correspond à des retouches volontaires, donc malheureuses, apportées après coup par le poète.

Les faits pourraient-ils être interprétés différemment ? Le poète est-il sujet d'une illusion analogue à l'impression du « déjà vu » ? Il est difficile de le penser quand on compare un poème écrit et publié, que tout le monde a donc pu lire, et des faits dont on ne suspecte pas le poète d'avoir pu les arranger. Breton propose sa solution : cette corroboration d'événements imaginaires par les faits ressortit à « un commun dénominateur, situé dans l'esprit de l'homme et qui n'est autre que son désir ». De même que le désir s'applique à rechercher dans la vie éveillée la réponse aux questions du rêve, et vice versa, il semble que ce même désir aille à la rencontre d'événements qui le justifient : le hasard n'est plus que « la rencontre d'une causalité externe et d'une finalité interne, forme de manifestation de la nécessité extérieure qui se fraie un chemin dans l'inconscient humain ». On pourrait dire d'une façon grossière : parmi le dédale des événements de sa vie, l'homme choisit naturellement ceux qui lui conviennent, qui conviennent à son moi profond, y compris malheurs, maladies, catastrophes individuelles.

C'est faire bon marché, dira-t-on, des conditions sociales qui déterminent, plus que toutes autres, les péripéties de notre vie, et c'est en ce sens qu'on a pu reprocher à Breton de n'avoir pas complètement fermé la porte au « mysticisme ». Breton prend un homme suffisamment libéré des conditions sociales (mais un tel homme existe-t-il ?) pour n'obéir qu'à sa fantaisie, et ne recevoir d'ordres que de son inconscient. Qu'un tel homme existe est bien improbable. Il est du moins des circonstances de la vie où ces conditions exceptionnelles peuvent être remplies, où nous adoptons un « comportement lyrique », où nous échappons dans une certaine mesure aux contraignantes nécessités sociales, où la raison, la logique, les bienséances s'effacent au profit de l'insolite, de la surprise, du « coup de foudre » : ces conditions sont réalisées dans l'amour. Amour-passion, amour unique, amour fou, trois appellations d'un seul état, d'un état de grâce qui unit l'impossible au possible, « la nécessité naturelle à la nécessité humaine ou logique ».

C'est dans sa poursuite que se manifeste le mieux (parce que la passion tend à se soustraire aux contraintes sociales) ce hasard objectif qui plie les événements au désir tout-puissant. « Quelle a été la rencontre capitale de votre vie ? » avaient demandé les surréalistes. Ce qu'ils auraient voulu voir mis en évidence dans les réponses, c'est la part du hasard, du fortuit, de l'accidentel, qui détermine pour la plupart des hommes la vie qu'ils mènent, puis « de quelle manière s'était opérée par la suite la réduction de ces données ». Ils auraient pu montrer ainsi que ce « concours de circonstances » imprévisibles, et même souvent invraisemblables « n'est nullement inextricable » ; les liens de dépendance qui unissent les deux séries causales (naturelle et humaine), liens subtils, fugitifs, inquiétants, font parfois surgir de vives lueurs sur les pas les plus incertains de l'homme.

Dans *l'Amour fou,* la volonté de recherche et d'approfondissement du réel que les surréalistes s'étaient donné pour but n'abandonne jamais l'auteur. C'est en outre un des ouvrages de Breton dans lequel s'offre le plus ouvertement la gamme entière des « charmes » surréalistes.

5. *De nouveau la guerre*

> « Pour nous qui plaçons les droits de
> l'artiste très au-dessus des intérêts de
> caste que d'autres harmonisent si habile-
> ment avec leurs activités profession-
> nelles, nous ne croyons pas téméraire
> d'affirmer qu'en toutes circonstances nos
> moyens d'expressions devront se mainte-
> nir hors de la réquisition des cerveaux. »
> Maurice Heine. *Clé*, nº 1, janvier 1939.

Dans l'année 1938, il semble que le surréalisme soit pressé de
déposer son bilan, à la fois sur les plans artistique et politique.
C'est d'abord au début de l'année : « l'Exposition internationale du surréalisme » qui réunit à la Galerie des Beaux-Arts les
œuvres de soixante-dix artistes de quatorze pays [23] ; tableaux,
sculptures, objets, livres, dessins, gravures, photographies, man-
nequins s'offrent aux yeux et aux mains d'un public nombreux,
dans un cadre approprié. Le programme n'annonçait-il pas :
« Plafond chargé de 1 200 sacs à charbon, portes « Revolver »,
lampes Mazda, Echos, Odeurs du Brésil, et le reste à l'ave-
nant » ? Le succès fut immense : pendant deux mois, une foule
curieuse, moqueuse, mais le plus souvent inquiète et boulever-
sée, vint prendre connaissance de l'acquis surréaliste. Dans l'air
déjà retentissant du fracas des armes, le surréalisme apparais-
sait plus que jamais comme une provocation. Provocation
« envers Paris, la France, le goût français, l'art français, l'art
tout court ». Les critiques laissèrent éclater leur colère une fois
de plus. Ils crièrent au scandale, et c'en était un en effet, voulu,
prémédité, soigneusement organisé, mais qui signalait en même
temps la victoire remportée par le surréalisme sur le plan
artistique.

---

23. Allemagne, Angleterre, Autriche, Belgique, Danemark,
Espagne, Etats-Unis, France, Italie, Roumanie, Suède, Suisse, Tchécoslovaquie, Japon.

Sur le plan politique, le surréalisme se donne pour tâche de grouper les intellectuels révolutionnaires rétifs à tout embrigadement. Breton, parti au Mexique dans le courant de l'année, rencontre là-bas le peintre mexicain Diego Rivera et Léon Trotsky, exilé. Il trouve des gens au courant de son activité et qui l'approuvent. Il trouve surtout en Léon Trotsky un esprit ouvert et compréhensif qui pense que l'art, en 1938, pour garder un caractère révolutionnaire, doit se trouver indépendant de toutes les formes de gouvernement, refuser toutes les consignes et œuvrer dans sa ligne, dans son devenir propre. Ces conditions sont suffisantes pour qu'il devienne, lui aussi, une arme qui servira l'émancipation prolétarienne. « La lutte pour la vérité artistique » dans le sens de « la fidélité inébranlable de l'artiste à son moi intérieur », tel est le seul mot d'ordre valable, pense Trotsky. Breton, ces dernières années, n'avait pas dit autre chose. Electrisé par cette communauté de vues, il s'entremet auprès de nombreux artistes des deux mondes pour fonder une « Fédération de l'art révolutionnaire indépendant » (F. I. A. R. I.). Conjointement avec Rivera, il lance un Manifeste : *Pour un art révolutionnaire indépendant* [24] où, sur les bases que nous venons d'indiquer, il invite à se grouper les artistes révolutionnaires de tous les pays.

De retour à Paris, il entreprend la relation de son voyage dans *Minotaure*, pourfend le « nationalisme dans l'art [25] » et s'attelle à la création d'une section française de la F. I. A. R. I. Un Comité national se forme rapidement [26], représentant en une sorte de front unique les différentes tendances de l'art révolutionnaire en France. Les adhésions arrivent. Un bulletin mensuel, *Clé*, est mis sur pied.

Le premier numéro de *Clé* paraît après Munich. Il porte la trace des événements, qui désormais vont vite. Dans un éditorial signé du Comité national et intitulé « Pas de patrie », *Clé* prend la défense des artistes étrangers résidant en France, et devenus soudain indésirables :

24. Rédigé en grande partie par Trotsky, Rivera ayant surtout servi de prête-nom en cette affaire.
25. Article dans *Minotaure*, n° 12-13.
26. Formé de Yves Allégret, André Breton, Michel Collinet, Jean Giono, Maurice Heine, Pierre Mabille, Marcel Martinet, André Masson, Henry Poulaille, Gérard Rosenthal, Maurice Wullens.

« L'art n'a pas plus de patrie que les travailleurs. Préconiser aujourd'hui le retour à un « art français » comme le font non seulement les fascistes mais encore les staliniens, c'est s'opposer au maintien de cette liaison étroite nécessaire à l'art, c'est travailler à la division et à l'incompréhension des peuples, c'est faire œuvre préméditée de régression historique. »

Dans le numéro 2, illustré par Masson, Trotsky affirme dans une lettre à Breton, que :

« la création véritablement indépendante à notre époque de réaction convulsive et de retour à la sauvagerie ne peut manquer d'être révolutionnaire par son esprit même, car elle ne peut plus chercher une issue à un intolérable étouffement social. Mais que l'art, dans son ensemble, que chaque artiste en particulier, cherchent cette issue par leurs propres moyens sans attendre quelque commandement du dehors, sans le tolérer, en le rejetant et en couvrant de mépris tous ceux qui s'y soumettent... »

Ce fut le dernier numéro de *Clé*. Le moment n'était plus à l'art, surtout indépendant. De plus, des discussions internes au groupe surréaliste (exclusion de Georges Hugnet en raison de son amitié avec Eluard qui avait rompu avec le groupe pour se rapprocher des communistes) furent malheureusement transportées dans la F. I. A. R. I. D'autre part les « prolétariens », comme Marcel Martinet et Henry Poulaille, décèlent une emprise trop grande des surréalistes sur l'organisation. Au lieu de la contrebalancer par un apport équivalent, ils s'enferment dans leurs positions. Tentative intéressante de regroupement sur le plan révolutionnaire des artistes indépendants, la F. I. A. R. I. entre en déliquescence avant même d'avoir commencé sa tâche.

Puis c'est la mobilisation.

Que vont faire les surréalistes ? « Nous ne réendosserons jamais l'abjecte capote bleu horizon », avaient-ils dit en 1925. Ils avaient depuis longtemps dépassé cette position anarchiste : les mobilisables, Breton, Eluard, Péret, etc., retournent une nouvelle fois sous les armes. Leur attitude ne prête cependant à aucune équivoque.

Cependant, d'autres n'avaient pas voulu participer au massacre et, dès avant le 3 septembre 1939, étaient partis pour l'étranger : Calas, Dali, Tanguy. Tandis que Péret, surveillé depuis son retour d'Espagne, était, quelques mois après la mobilisation, jeté en prison pour son action révolutionnaire. S'en évadant à l'occasion de l'exode, il fut, avant de partir pour le Mexique, le seul surréaliste de marque à Paris en 1940-1941. Masson, Breton étaient à ce moment partis rejoindre leurs amis à New York. Avec eux le mouvement s'expatria, prit dans ces nouvelles terres une extension plus rapide et plus grande qu'en Europe. Breton fit de nouveaux adeptes, s'exprima dans la revue *VVV* et publia *Prolégomènes à un Troisième Manifeste du Surréalisme ou non.* En France, quelques jeunes poètes, groupés autour de J.-F. Chabrun et Noël Arnaud, tentèrent vainement de redonner vie au groupe. Ils ne pouvaient que remettre les pieds dans les mêmes pas. Une telle expérience ne se recommence pas.

Elle a donné des fruits que tous peuvent goûter désormais, elle a formé des hommes qui sont parmi les grands artistes de ce temps, elle en a influencé d'autres qui, sans elle, ne seraient pas devenus tout à fait eux-mêmes. Le surréalisme s'est fait, malgré lui, sa place dans le mouvement artistique de l'époque. Mieux qu'aucun autre mouvement d'idées, il représente l'époque sur le plan de l'art. Ne doutons pas qu'à ce titre il ne soit toléré dans la succession des mouvements artistiques français.

Breton aux États-Unis

Attendant son départ pour les Etats-Unis, Breton agrège autour de lui, à Marseille, un certain nombre de personnalités de divers bords. L'activité surréaliste se poursuit pendant quelques mois dans les conditions rien moins que favorables. Puis Breton quitte la France, débarque à Fort-de-France où il découvre, ou plutôt retrouve, puisqu'il l'avait connu à Paris, un poète surréaliste autochtone : Aimé Césaire. Aux Etats-Unis il consomme sa rupture avec Salvador Dali (qu'il nomme plaisamment Avida Dollars), devenu franquiste. A la vérité Dali penchait depuis longtemps vers le fascisme, et déjà en 1934, le groupe lui avait demandé quelques explications sur sa curieuse tentative de vouloir faire passer Hitler pour un rénovateur surréaliste [27]. En 1939, il soutenait une théorie fumeuse sur la prééminence de la race latine, théorie où il n'était pas malaisé de voir une transposition espagnole d'idées plus septentrionales. Aux Etats-Unis, Dali collabora avec les Marx brothers, se mit à prodiguer ses conseils aux grands couturiers de New York, monnaya cyniquement son art en faveur d'entreprises publicitaires. Après être tombé dans les bras de Franco, il ne lui restait plus qu'à tomber dans ceux du Pape.

Quant à Breton, il s'acclimate difficilement. A la radio il parle en faveur de la « France libre » dont il devient l'un des speakers, et dans une Conférence aux étudiants français de l'université de Yale [28], il expose la « Situation du surréalisme entre les deux guerres ». Après avoir stigmatisé Pétain, Hitler et Mussolini, épiphénomènes d'une situation pathologique qui appelle d'autres remèdes qu'une guerre mondiale tous les vingt ans, il demande aux jeunes gens qui l'écoutent de ne pas se laisser prendre au conformisme des journaux, de garder une pensée qui ne soit pas « victime de la contagion ». A propos du surréalisme, il constate qu'il est « le seul mouvement orga-

27. Document communiqué par Georges Hugnet.
28. 10 décembre 1942.

nisé qui ait réussi à couvrir la distance qui sépare » les deux guerres. Il le fait s'épanouir dans le *Château d'Argol* de Julien Gracq, « où sans doute pour la première fois le surréalisme se retourne librement sur lui-même pour se confronter avec les grandes expériences sensibles du passé et évaluer, tant sous l'angle de l'émotion que sous celui de la clairvoyance, ce qu'a été l'étendue de sa conquête ». Breton conteste ensuite que le surréalisme soit mort. Il ne pourrait l'être, à son avis, que si naissait « un mouvement plus émancipateur », auquel il se rallierait d'ailleurs. En l'absence de ce mouvement, il est obligé de constater que le surréalisme se tient encore « à l'avant-garde ». Il a exprimé la répercussion de la première guerre sur « la vie psychologique et morale », « l'appréhension rapide de la seconde ». Il est avant tout avec la jeunesse, ses espoirs, son exaltation, son merveilleux mépris des conséquences : « elle dispose d'une vertu intrinsèque qui est de recouvrir les états de conscience insuffisants qui ont suscité le retour (de vagues de jeunesse) dans un délire de fer et de feu ». « Le surréalisme est né d'une affirmation de foi dans le génie de la jeunesse. »

Breton fait l'histoire du mouvement surréaliste. On constate qu'il porte une admiration grandissante à Apollinaire qui « a été beaucoup plus près que quiconque de penser que pour améliorer le monde il ne suffisait pas de le rétablir sur des bases sociales plus justes, mais qu'il fallait encore toucher à l'essence du Verbe », et qu'il oublie Jacques Vaché. Il rend une fois de plus hommage à Freud dont il estime l'enseignement toujours valable, parce que loin d'ajouter un conformisme à d'autres il permet à l'homme de jouir de son bien le plus fondamental : la liberté. C'est sur elle que s'est fondé le surréalisme, c'est à son exaltation qu'il a travaillé. Et Breton explique les scissions et les brouilles dont l'histoire du mouvement est tissée par le fait que ceux qu'il a attaqués, ou qui sont partis, « ont démérité de la liberté » : ceux qui en poésie sont revenus aux formes fixes, ceux qui ont renoncé à s'exprimer personnellement, c'est-à-dire hors des cadres d'un parti, ou qui se sont commis « avec n'importe qui ». « La liberté est à la fois follement désirable et toute fragile, ce qui lui donne le droit d'être jalouse. » Il faudra, au sortir de cette guerre, proclame Breton, considérer à nouveau les propositions surréalistes si l'on veut apporter une solution à « la situation désespérée de l'homme en plein XXᵉ siècle ». Il ne voudrait pas toutefois que ces propositions puissent embarrasser ces jeunes gens qui « s'apprêtent à partir » : « Quelles que soient l'ambition de savoir et la tentation d'agir, je sais qu'à l'approche de vingt ans elles sont toutes prêtes à le céder en pouvoir à un regard de femme qui fixe à lui seul tout l'attrait du monde. »

Après ces considérations sur le passé et le rappel des principes, il donne l'état de sa pensée à ce moment dans les *Prolégomènes à un Troisième Manifeste du Surréalisme ou non*. Le titre est modeste ; ce qu'apporte Breton est aussi bien loin des découvertes novatrices du Premier et de la belle intransigeance du Deuxième.

Il s'en prend d'abord aux systèmes quels qu'ils soient, qu'il n'a jamais compris qu'à travers des hommes. Il déplore la chute des uns et des autres dans le vulgaire, le commun. Robespierre, Marx, Rimbaud, Freud, quels « charlatans », et quels « faussaires » ne s'en sont réclamés avec une « confiance stupéfiante » ? « Il n'est pas jusqu'au surréalisme qui ne soit guetté au bout de vingt ans d'existence par les maux qui sont la rançon de toute faveur, de toute notoriété. Les précautions prises pour sauvegarder l'intégrité à l'intérieur de ce mouvement — considérées en général comme beaucoup trop sévères — n'ont pas cependant rendu impossible le faux témoignage rageur d'un Aragon, non plus que l'imposture d'un genre picaresque du néophalangiste-table-de-nuit Avida Dollars. »

Les hommes doivent prendre conscience non seulement de leur condition sociale mais de leur condition d'homme « et de l'extrême précarité de celle-ci ». De jeunes têtes s'élèvent qui ne pensent plus comme nous, et qui ne comprendront bientôt plus rien à nos systèmes. Ce sont elles qui façonneront l'avenir, ce sont elles qui résoudront les problèmes que nous n'avons pas résolus. Breton leur passe les consignes : « Il faut non seulement que cesse l'exploitation de l'homme par l'homme, mais que cesse l'exploitation de l'homme par le prétendu « Dieu » d'absurde et provocante mémoire. Il faut que soit révisé de fond en comble sans trace d'hypocrisie et d'une manière qui ne peut plus rien avoir de dilatoire, le problème des rapports de l'homme et de la femme. Il faut que l'homme passe avec armes et bagages du côté de l'homme. Assez de faiblesses, assez d'enfantillages, assez d'idées d'indignité, assez de torpeurs,

assez de badauderie, assez de fleurs sur les tombes, assez
d'instruction civique entre deux classes de gymnastique, assez
de tolérance, assez de couleuvres. »

Chacun se fait un « système de coordonnées à son usage ».
Breton dit les siennes : « Héraclite, Abélard, Eckhart, Retz,
Rousseau, Swift, Sade, Lewis, Arnim, Lautréamont, Engels,
Jarry et quelques autres. » « Et que vaut toute soumission à ce
qu'on n'a pas promulgué soi-même ? » Breton en veut aux
partis révolutionnaires étroitement assujettis au social. Il constate leur carence au moment du déclenchement de la guerre,
leur absence alors qu'elle fait rage. Si cette carence se prolon-
geait, il se verrait obligé de leur retirer sa confiance pour
travailler à plein à la tâche qui lui paraît maintenant déterminante : construire un mythe social « en rapport avec la société
que nous jugeons désirable ». En vue de l'édification de ce
mythe, il envisage désormais de gaieté de cœur de donner
prise « aux accusations de mysticisme ».

S'autorisant en effet de ce que la pensée rationaliste lui a
toujours paru « s'accommoder des plus étranges complaisances », par exemple le fait « qu'un esprit d'une envergure et
d'une vigueur exceptionnelles [29] » semblait croire à *l'amitié* de
son chien [30], il accommode la sienne de complaisances plus
étranges encore. Découvrant soudain que « l'homme n'est
peut-être pas le centre, le point de mire de l'univers », il
ajoute : « On peut se laisser aller à croire qu'il existe au-dessus
de lui, dans l'échelle animale, des êtres dont le comportement
lui est aussi étranger que le sien peut l'être à l'éphémère ou à
la baleine. » De tels êtres se manifesteraient à nous « dans la
peur et le sentiment du hasard ». « Il n'est pas douteux ,
ajoute-t-il, que le plus grand champ spéculatif s'offre à cette
idée » et appelle en témoignage Novalis, William James, Emile
Duclaux « ancien directeur de l'Institut Pasteur 1840-1904 ».
N'osant aller jusqu'au bout de sa pensée parce qu'il veut se
dissimuler les abîmes qu'elle recouvre, Breton conclut son
Manifeste sur un point d'interrogation : « Un mythe nouveau ?
Ces êtres, faut-il les convaincre qu'ils procèdent du mirage ou
leur donner l'occasion de se découvrir ? »

29. Breton fait allusion à Léon Trotsky.
30. « Je persiste à croire que cette antropomorphique vue sur le
monde animal trahit en manière de penser de regrettables facilités. »

Conclusions

> « C'est à l'ennui qu'on reconnaît un homme ; c'est l'ennui qui différencie un homme d'un enfant. Ce qui distingue l'ennui des autres états affectifs, c'est son caractère de légitimité. » Jacques Rigaut.

> « Ce sont des vérités sombres qui apparaissent dans l'œuvre des vrais poètes ; mais ce sont des vérités et presque tout le reste est mensonge. »   Paul Eluard.

Au terme de cette histoire du mouvement surréaliste, nous ne nous en dissimulons pas les lacunes. Nous aurions pu raconter, « pour faire vivant », un plus grand nombre d'anecdotes, nous exercer à l'art délicat des portraits ou nous borner à l'aspect purement poétique ou pictural du surréalisme [31]. Nous avons préféré retracer l'évolution du surréalisme en tant que mouvement d'idées d'une époque et d'un groupe, dans l'assurance où nous sommes que les problèmes auxquels les surréalistes ont tenté de donner une solution se posent également aux jeunes hommes d'aujourd'hui. Nous souhaitons naturellement qu'ils se brûlent les ailes au feu surréaliste, nous préférerions qu'ils fissent servir ce feu à autre chose qu'à leur propre consommation.

Parti d'une recherche abstraite des possibilités du langage en tant qu'instrument poétique, le surréalisme mène d'abord à un subjectivisme total, le langage apparaissant comme une propriété essentiellement personnelle, dont chacun peut user comme il l'entend. Le monde extérieur est nié au profit du monde que l'individu trouve en lui et qu'il veut explorer systématiquement : d'où l'importance donnée à l'inconscient et à ses manifestations, qui se traduisent dans un nouveau langage,

31. Cf. Marcel Raymond, *De Baudelaire au surréalisme* ; François Cuzn, *Situation du surréalisme* (*Confluences*, n° 20, juin 1943).

libéré. Prenant une vue plus aiguë de son être, le surréaliste
l'oppose au monde et prétend plier celui-ci aux désirs de celui-
là. D'où un individualisme révolutionnaire de toute-puissance
de la pensée qui doit, par contagion, transformer la pensée,
puis la vie des autres hommes. Loin de se refermer sur des
secrets d'école, le surréalisme donne à chacun le moyen d'obtenir cet « état de fureur », condition première d'une transformation véritable de la vie, et qui doit aboutir à la résolution des
contradictions au sein d'une surréalité qui comprend et dépasse
le conscient et l'inconscient, l'homme et le monde, le naturel et
le surnaturel. La recherche de cet état est menée collectivement
et avec tous les caractères de l'expérience scientifique.

Elle aboutit à un échec : le monde continue de vivre comme
si les surréalistes n'existaient pas ; les manières de penser et de
se comporter sur lesquelles ils voulaient agir électivement ne
sont en rien transformées par leur action. C'est qu'en effet elles
ne peuvent l'être que médiatement, au travers des formes du
monde physique sur lesquelles ils s'interdisaient volontairement
toute emprise. Le deuxième temps de la démarche surréaliste
est alors de transformer objectivement ce monde, de dépasser
le subjectivisme en un matérialisme capable d'agir directement sur les choses. Les surréalistes se trouvent sur le terrain
d'élection des révolutionnaires politiques avec lesquels ils
s'efforcent de collaborer. Leurs ambitions sont autres : si la
révolution économique et sociale leur paraît une condition
nécessaire de la transformation totale de la vie, elle n'est pas
pour eux suffisante, parce que bornée à l'homme économique.
Ce qu'ils demandent, ce n'est pas seulement pour l'homme le
droit de subsister, mais aussi de rêver, d'aimer, de jouir, et ils
préfèrent se spécialiser immédiatement dans la recherche des
conditions qui permettront la satisfaction de ces désirs plutôt
que s'en tenir à la parole des politiques, qui la leur permettent
par surcroît. Ces conditions sont données par l'exercice poétique auquel ils se livrent. C'est dire que, par un détour, ils
reviennent au *sujet* dont ils n'ont jamais pu, à la vérité, se
détacher. A partir du moment où ils observent que l'homme
nouveau, dont on les a assurés qu'il s'édifiait en U. R. S. S., ne
diffère pas essentiellement de l'homme qu'ils connaissent, ils
brisent avec les communistes qui passaient pour les représentants authentiques de la révolution politique et sociale.

Cette rupture engendre une vue plus nette de leur rôle et de leurs possibilités. Au contact des faits, ils se rendent compte de leur impuissance à engendrer par leurs seules forces la révolution totale qu'ils réclament. Ils comprennent que le premier acte doit en être joué par les politiques et qu'ils n'y auront qu'un rôle dépendant. Leur ambition se borne désormais à éclairer la route, à mettre constamment sous les yeux des marcheurs le but à atteindre : la résolution des antinomies au sein d'une surréalité, cette résolution posant à son tour de nouveaux problèmes qui réclameront de nouvelles réponses.

Il est facile de parler de l'échec surréaliste, quand on veut ignorer les ambitions motrices du mouvement et leur substituer on ne sait quel désir de fonder une nouvelle littérature et une nouvelle peinture ; pourquoi pas un nouvel humanisme ?

Tout comme les romantiques, les surréalistes sont animés par un profond désespoir. Non pas ce doucereux « vague à l'âme » de Lamartine, cette « mélancolie » de Leopardi, ce « spleen » de Baudelaire, souvent solubles dans l'amour d'un Dieu retrouvé, mais un désespoir à la Rimbaud, qui plante tout là pour se refaire une vie animale, un pessimisme agressif à la Lautréamont, qui s'en prend à Dieu, au monde, aux « valeurs bonnes et pures ». Souvenons-nous des lignes de Naville dans *Mieux et moins bien,* de celles d'Aragon dans le *Traité du Style.* A l'échelle de ce pessimisme, combien apparaissent dérisoires l'homme, le monde, Dieu, la vie, et les multiples solutions de l'homme pour sortir du cauchemar.

Jusqu'à eux on s'était essayé à apprivoiser le monstre. Il n'avait que montré ses cornes chez Vigny et cela avait pourtant suffi à faire trembler le spectateur ; Baudelaire l'avait mené à l'Eglise et dans les paradis artificiels ; Rimbaud l'avait jeté dans la mer Rouge d'un simple coup d'épaule ; Lautréamont, après s'en être rendu maître, l'avait lâché sur le monde ; Jarry en était tombé victime. Les surréalistes, eux, vivent avec la bête, dans un face à face de tous les instants, les yeux rivés dans ses yeux, car elle est prompte à profiter de la moindre distraction pour opérer son carnage : elle n'a qu'à enfoncer un peu plus les griffes, à avancer un peu plus les dents. Et c'en est fait : n'est-ce pas Jacques Vaché, n'est-ce pas Rigaut, n'est-ce pas Nadja, Artaud, Crevel ? Rigaut : « Vous êtes tous des poètes et moi je suis du côté de la mort [32]. » Crevel : le suicide est « la plus vraisemblablement juste et définitive des solutions [33] ». Et ces questions lancinantes que posent les vivants : « Pourquoi écrivez-vous ?... Le suicide est-il une solution ?... Quelle sorte d'espoir mettez-vous dans l'amour ? » On dirait que ces gens ne font que répéter : « A quoi bon vivre et se manifester ? »

Et pourtant ils vivent et se manifestent. De curieuse façon, il faut le reconnaître. Ne proclament-ils pas le refus de parvenir, de faire carrière dans un monde qu'ils méprisent ? Et n'ont-ils pas été jusqu'à tenir scrupuleusement la parole, tant qu'ils ont appartenu au mouvement ? Ils ont reconnu la démoralisation comme valeur éminente, l'ont recherchée et cultivée pour elle-même, comme si la raison même de vivre devait être extirpée à la façon d'une mauvaise herbe. En voiture pour Asnières, vingt-quatre heures de voyage, pas une de moins, après quoi, revenant à votre point de départ, vous serez moins faraud. Visitons Saint-Julien-le-Pauvre, il n'y a strictement rien à voir. Eluard n'a pas même rapporté un totem des Nouvelles-Hébrides.

Et la culture ? Les gens désabusés, mais intelligents, n'y trouvent-ils pas un refuge accueillant ? Faites-vous fi de cette somme de connaissances accumulées depuis la plus immémoriale antiquité et qui dit à l'homme : « Crois et espère ! » Les surréalistes constatent que ce fameux enrichissement de l'humanité à travers les âges n'a nullement agrandi l'homme mais, dans ses effets les moins néfastes, l'a recouvert d'une carapace épaisse et dure, étanche aux communications avec le monde. Par leur anti-culture, les surréalistes visent à briser cette carapace. De sorte que, *malgré tout,* ils espèrent l'âge d'or, ils annoncent sa venue.

Faudrait-il voir là une issue au pessimisme foncier des surréalistes ? Sans doute, en même temps qu'une de ses manifestations. Toutes les valeurs qu'ils ont prônées participent de ce double caractère. Voici le *rêve* auquel ils se sont abandonnés. C'est bien une issue, mais n'ouvrant qu'un passage illusoire : double porte dont un seul des battants est tiré. Ils savent qu'ils

32. Jacques Rigaut, *Papiers posthumes* (Au Sans Pareil).
33. Réponse à l'enquête, « Le suicide est-il une solution ? » (*Révolution surréaliste,* nᵒ 2).

trouveront derrière l'autre l'ennemi tapi dans le jour du soleil et qui reprendra sa proie. Les efforts de Breton pour le mêler à la réalité n'aboutissent pas. Le rêve n'est qu'une revanche passagère et indéfiniment recommencée. Avec Dali, ils se sont crus vainqueurs : les voici modeleurs d'un monde à leur mesure. Hélas ! la plus belle des hallucinations finit par se dissiper et laisse sur le rivage l'homme plus désespéré encore d'avoir entrevu le paradis et de l'avoir manqué.

C'est donc dans la vie même, sur le terrain des réalités, qu'il faut se mesurer avec son destin. Là encore les surréalistes entendent user de différents moyens. L'un de ceux-ci avait permis à Lautréamont, à Jarry, à Vaché de triompher momentanément du monde en le surmontant : *l'humour*, que Breton et ses amis ont toujours vénéré comme premier dieu et à qui ils ont fait des sacrifices constants. Par la catachrèse qu'il opère sur le monde il permet de prendre quelque revanche sur la vie et la mort. Mais par cette porte on passe seul, et le surréalisme a l'ambition non pas de doter chacun d'un mot de passe individuel, mais de fournir un sésame valable pour tous.

Sur le chemin se rencontre l'amour, porte de sortie où l'on passe à deux. Soi et « l'autre », c'est déjà le commencement du collectif, c'est la geôle individuelle prenant air sur les hommes. A condition de n'en pas faire une geôle à deux, ce qu'il est trop souvent. D'où leur critique de l'amour tel que le conçoivent et ne le vivent pas leurs contemporains, qui n'y voient qu'un agrandissement, non un dépassement, de l'égoïsme individuel. D'où leur proclamation de *l'amour fou,* de *l'amour unique ;* fou, en ce qu'il brise toutes les barrières entre lesquelles la société a voulu l'emprisonner, en ce qu'il se donne toutes les licences compatibles avec sa nature ; unique en ce qu'il fait de l'être aimé, de l' « autre », le monde résumé et vivant qu'il est désormais loisible de posséder, dans lequel il est désormais possible de se perdre. On ne peut plus aimer après Breton et Eluard comme on aimait avant eux : la femme qu'ils ont magnifiée plus qu'aucun poète est devenue le pain vivant de tous les jours, le ciel des contrées sumériennes, l'alpha et l'oméga de toutes les recherches, c'est le monde comestible à portée de la bouche. « Je mange Gala » a écrit Dali. Ils ont voulu faire de l'amour une force révolutionnaire, brisant sur son passage, et avec un beau mépris de ce qui peut s'ensuivre, tous les obstacles qui l'empêchent de prendre son envol et de remplir sa mesure. Encore une fois, si cela apparaît dans ce qu'ils ont écrit ou peint, c'est infiniment plus visible dans la vie de chacun d'entre eux. Des exemples que nous ne pouvons citer se pressent en foule pour montrer que leurs solutions étaient d'abord vivantes, éprouvées par eux dans leur chair, et que les confidences qu'ils ont laissé échapper de leur plume sont pures concessions à un alibi artistique dont on ne peut regretter qu'ils n'aient pu se passer, par les singulières lueurs qu'elles nous découvrent.

L'amour n'est encore qu'une « porte étroite » d'où l'on découvre des horizons philosophiques, c'est-à-dire illusoires, au regard du monstre qui les déchire. La Révolution, voici enfin la vraie sortie, où l'on passe avec tous, et cela est si vrai qu'un moment Breton eut la certitude que par elle était vaincu à jamais ce fameux désespoir qui les tenaillait. Par là seulement ils pouvaient faire passer leur action collective en tant que groupe, et ce fut en même temps le ciment de leur union.

Leur activité collective ne fut pas mince.

Les premiers, ils ont osé faire des poèmes en commun, ruinant du même coup le rôle du poète donnant ses lois au monde du haut d'un Sinaï, ou même du littérateur qui se croit trop souvent l'unique auteur de ce qu'il écrit. Pour eux, le poète est homme parmi les hommes, marchant avec eux « en plein soleil », et réciproquement, tout homme est poète. Ils se sont livrés quotidiennement à des jeux collectifs, qui mettaient en question bien autre chose que la mort du temps : jeu des petits papiers, jeu des questions et réponses, « cadavres exquis », jeu de la vérité, où ils aboutissaient non seulement à des créations dont chacun personnellement aurait été incapable, mais à une connaissance approfondie de chacun d'eux par les autres.

Les manifestations aussi, et de tous genres, contribuaient à établir ce climat collectif, fondaient des actions capables de vaincre l'ennemi. Nous avons essayé de les revivre ; nous ne les raconterons pas à nouveau. Nous observerons qu'elles furent toujours moins gratuites qu'on ne l'a pensé, et moins animées qu'on ne l'a cru par la recherche du scandale.

Du plan de la manifestation épisodique, les surréalistes sont passés, et dès leurs premiers pas, au plan de la manifestation généralisée contre la société et ses valeurs, au plan de la Révolution, la plus haute des valeurs collectives, et la plus capable de transformer leur pessimisme originel en un optimisme raisonné. Ils purent croire un moment le pas franchi et, tout heureux de cette délivrance, la célébrer bien haut. Pourtant ils s'abusaient. Naville, de l'autre rive, essaya de les aider en les persuadant que les révolutionnaires étaient, eux aussi, des pessimistes radicaux, et, partant, qu'ils ne devaient pas se décourager s'ils ne trouvaient pas dans la Révolution l'optimisme, dont ils faisaient naïvement le moteur. Rien n'y fit, les désillusions vinrent, et la retombée parmi les monstres. Réduits au rôle de révolutionnaires appliqués et consciencieux, il est peu probable qu'ils se fussent même contentés du succès de la Révolution.

Il serait erroné de croire que la leçon surréaliste se borne à une constatation amère. Rien de plus volontaire que le destin de Breton et du groupe, dont nous avons vu la route pavée à chaque instant de déterminations voulues. Chemin faisant, ils ont découvert une valeur qui pouvait contrebattre efficacement le pessimisme qui les a toujours habités. Cette valeur, là encore ils ne l'ont pas fabriquée mais découverte, gisant au cœur de l'homme sous des débris et commune à tous les hommes : le Désir. Leur constant travail n'a rien tant été que de l'amener au jour, le reconnaître et le lâcher dans le monde, muni de pleins pouvoirs. N'est-il pas par essence protéiforme, révolutionnaire, et sachant au besoin se déguiser pour vaincre ? N'est-il pas l'expression fondamentale de l'homme et sa force la plus originale ? S'il est limité, battu en brèche, frappé de timidité, la faute en revient à la société dont il briserait les ais, et par contrecoup à l'homme trop facilement persuadé qu'on ne doit pas lui laisser la bride sur le cou. D'où la double détermination révolutionnaire des surréalistes : « transformer le monde », « changer la vie », par une objectivation du désir, force toute-puissante et capable de susciter tous les miracles.

Juillet 1944.

Beaucoup plus tard...

Cette *Histoire*, que j'ai écrite dans les derniers mois de l'Occupation, à bride abattue et avec les moyens alors à ma disposition, j'en vois mieux encore qu'autrefois les insuffisances et les faiblesses. Les unes ont été compensées, les autres réparées par les nombreux auteurs qui se sont intéressés après moi au sujet, puis par André Breton lui-même dans les *Entretiens* qu'il a donnés à la radio en 1952. J'avais l'excuse de venir le premier. Sans fausse modestie, je crois que c'est également mon seul mérite.

Je ne renie rien des pages qu'on vient de lire. Les espoirs que j'y formule, l'exaltation que j'y laisse naïvement voir, sont encore miens. Toutefois, bien des années ont passé, qui permettent de prendre une vue plus exacte du mouvement surréaliste et qui ont été pour moi de découvertes, d'expériences, et dans une certaine mesure de réflexion. Je ne vois plus les choses tout à fait de la même façon.

Le surréalisme s'était établi sur une conception révolutionnaire de l'homme et du monde, à une époque où les conceptions traditionnelles de leurs rapports s'étaient abîmées dans la Guerre. Jamais encore n'avait paru aussi insupportable la soumission de l'homme au monde, cette soumission dont la conscience aiguë et le désir d'y mettre fin font précisément l'artiste : c'est parce qu'il entend faire cesser son aliénation que le poète, le peintre, l'écrivain cherche à créer de nouveaux rapports, personnels, avec ce monde. Il y parvient par son œuvre, mais sans que rien n'ait changé autour de lui. Ce qu'il joue c'est une aventure personnelle, souvent dramatique, parfois tragique, et une aventure qui, pour chacun, recommence toujours à zéro. Qu'elle trouve sa fin en elle-même ou qu'elle aboutisse au silence, sur le point essentiel elle se solde par une défaite : les livres s'ajoutent aux livres, les toiles aux symphonies sans autre effet que d'enchanter une prison dont l'artiste ne s'évade qu'idéalement. Il n'est pas de grand écrivain, comptât-il sur la postérité, qui ne meure désespéré.

Le surréalisme avait l'ambition de franchir les limites de la subjectivité et il entendait ne pas se payer de mots. Pour ceux qui le fondèrent, après avoir passé par Dada, il ne s'agissait plus que tout recommençât comme devant. L'homme n'était pas cette créature façonnée par un siècle de positivisme, d'associationnisme et de scientisme, mais un être de désirs, d'instincts et de rêves, tel que le découvrait la psychanalyse. En Russie, une société s'édifiait sur des bases nouvelles. Plus encore que Rimbaud ou Lautréamont, Marx et Freud figuraient les prophètes de l'âge nouveau. Selon leurs modalités particulières, les surréalistes se firent marxistes et freudiens en portant l'accent sur la double révolution à effectuer : « transformer le monde », « changer la vie ». Ils pensaient y parvenir par une activité totalitaire de création à partir d'un homme considéré lui-même comme une totalité et au moyen d'un instrument, la poésie, qui se confondait avec l'activité même de l'esprit. Cette permanence créatrice devait s'exercer dans une liberté inconditionnelle de sentir et d'agir, hors des compartimentations de la vie et de l'art et avec le désir de récupérer tout l'homme. D'où l'accent porté sur les côtés nocturnes de l'être, sur l'imagination, l'instinct, le désir, le rêve, sur les formes irrationnelles ou simplement ludiques du comportement, afin d'en finir avec l'homme mutilé, retranché, aliéné, réduit aux catégories du « faire » et de « l'avoir ». Le surréalisme ouvrait un champ de renouvellement total à l'homme, aussi bien par rapport à sa propre vie qu'à la vie des hommes en groupes, qu'à l'évolution des formes de pensée, de morale, d'art et de littérature.

Après la Deuxième Guerre, les revendications du surréalisme demeuraient les mêmes, et c'est faire preuve de myopie que de lui reprocher de n'avoir pas su intégrer les nouveaux courants de sensibilité ou les nouvelles formes de pensée. La philosophie de l'absurde, un certain romantisme du désespoir et même jusqu'à l'engagement existentialiste, il y a beau temps qu'il les avait pratiqués et jusqu'au bout, c'est-à-dire jusqu'au suicide (Rigaut, Crevel), jusqu'à la folie (Artaud), jusqu'au militantisme révolutionnaire (Aragon, Eluard, Péret) et, pour certains, jusqu'au silence « artistique » définitif. Si les surréalistes nous ont soudain paru privés de « présence », c'est parce qu'ils avaient en fait débordé la situation qui était la nôtre, parce que le mouvement avait joué dans une certaine mesure son rôle historique. Dans l'histoire des sociétés, il ne manque pas de ces situations où de grands mouvements et de grands hommes, dont elles postulent l'urgent besoin, sont en même temps frappés de péremption : le babouvisme végéta plus d'un siècle après Babeuf sans influencer le mouvement ouvrier ; l'un des deux grands artisans de la révolution russe fut condamné à l'exil puis assassiné en un temps où sa pensée et son action auraient pu jouer un rôle décisif sur les destinées de la société soviétique. En fait, c'est la situation sensible, morale, intellectuelle d'après la Deuxième Guerre qui ne se montra pas « à la hauteur » du surréalisme.

Après avoir cherché vainement le contact, Breton ne s'obstina pas. Il inclina le mouvement dans l'une des directions qui avait été, de ce mouvement, l'une des tentations permanentes : l'exploration des sources de l'activité poétique, l'inventaire de ses voies et moyens, la recherche des fondements métaphysiques de cette forme particulière de connaissance. Il rappela l'existence d'une « tradition initiatique » dont avaient peu ou prou relevé dans l'histoire les grands inspirés : alchimistes, occultistes, mages et quelques poètes parmi les plus chargés de mystère. Il lui parut de la plus grande importance de ressaisir « la clef hiéroglyphique du monde qui pré-existe plus ou moins consciemment à toute haute poésie », de s'engager « sur les voies de cette révolution intérieure dont l'accomplissement parfait pourrait bien se confondre avec celui du Grand Œuvre, tel que l'entendent les alchimistes ». Nicolas Flamel, le Grand Albert, Fabre d'Olivet, Swedenborg et, parmi les poètes, Hugo, Nerval, Baudelaire, Jarry, Roussel reprirent leur taille de chercheurs maudits, d'explorateurs nocturnes, d'initiés. La poésie moderne avait pour mission de continuer leur quête, de poursuivre dans la voie qu'ils avaient ouverte, vers ce fameux point où se résolvent les contradictions. Mais les révolutions intérieures s'effectuent-elles sur la place publique, en groupe et sur simple décret ? Le surréalisme est de nos jours avare d'œuvres qui pourraient nous servir de repères.

Comment ne pas envisager ce repliement du surréalisme sur ses minima poétiques, sa transformation en école d'ésotérisme, comme l'aveu d'une défaite ? Ne se trouve-t-il pas à la base de son affirmation un vice caché : la postulation qu'il suffit à la pensée d'exister pour devenir immédiatement exécutoire et à tout coup ?

Si la poésie, qu'on croyait pouvoir débarrasser de ses carcans artistiques, qu'on voulait exercer en dehors de toute convention et de toute censure, et dont on voulait faire, selon le mot de Lautréamont, un bien commun, équivaut à l'activité même de l'esprit, de quelle façon peut-elle trouver son point d'impact dans les choses, modifier le monde réifié des rapports sociaux ? Le surréalisme postulait l'existence d'un ordre humain qu'il se proposait précisément de susciter, et il s'est heurté à un ordre avant tout économique, social, politique et artistique que la pensée seule est impuissante à transformer : si cet ordre est une création humaine, il est également celle d'un homme garotté par une histoire et un temps, dépassé par son propre objet qui le contient et dont il est prisonnier. Entre la pensée et l'action il existe une médiation indispensable : l'histoire même des hommes. Hormis quelques tentatives d'intervention politique (au sens large), épisodiques et généralement anarchiques, le surréalisme ne possédait pas les moyens de cette intervention. Il a cru pouvoir y suppléer en prônant une révolution plus vaste et radicale : l'esprit devenant lui-même le sujet et l'objet de sa propre révolution. C'était assurément le seul domaine où la pensée pût devenir immédiatement exécutoire.

Il existe des sociétés situées précisément hors du temps et de l'histoire et où la pensée devient immédiatement exécutoire : le chamane fait pleuvoir, le sorcier guérit son malade en prononçant certaines formules, le gibier est tué non par la flèche mais par la vertu de certains rites, l'enfant qui vient au monde ne procède pas toujours de sa mère selon la chair. L'univers mental de ces sociétés n'est pas pour autant incohérent, illogique. C'est un univers où la pensée, portée par la parole, se substitue au fait et détermine l'événement. Peu importent les explications rationnelles dont nous voudrions faire convenir par les hommes de ces sociétés qu'elles sont les seules acceptables. Toute l'expérience de leur vie quotidienne leur commande de les rejeter comme insuffisantes, inadéquates, infiniment secondaires. Ils vivent dans un univers magique.

On peut se demander si la tentation actuelle du surréalisme ne serait pas de constituer, au sein de notre monde hyperlogique, tendu vers l'autodestruction par les progrès mêmes d'un savoir conquis en vue de sa seule " utilité ", l'univers magique qui conviendrait aux hommes de ce temps. Un univers fondé sur les ressources profondes et généralement inexploitées de l'homme, sur les lois mystérieuses d'une réalité au seuil de laquelle s'arrêtent les explications conjecturales de la science, sur le désir d'établir entre microcosme et macrocosme quelques « correspondances » essentielles dont l'inventaire vérifié en forme de lois servirait à fonder un savoir et une maîtrise. Mais il faudrait alors qu'à l'exemple des sectes gnostiques, des écoles pythagoriciennes ou même du saint-simonisme, les sectateurs du surréalisme visent par tous les moyens (de la société au parti politique) à influencer directement le gouvernement des hommes et des choses, qu'on puisse les croire capables de former des savants, des philosophes, des hommes d'action, voire des militants.

Jusqu'à plus ample informé il faut se résigner à considérer le surréalisme comme une école littéraire, fort différente de toutes celles qui l'ont précédée et la plus prestigieuse qui ait vu le jour depuis le romantisme. Bon gré mal gré, il doit parcourir toutes les étapes, incarner toutes les méditations, par lesquelles un mouvement de pensée finit par déterminer, entre autres causes, et à condition que l'histoire lui prête vie, la conscience des hommes.

Novembre 1957.

Post-scriptum. L'histoire du Surréalisme depuis la Guerre vient d'être contée par un jeune adhérent du Groupe : Jean-Louis Bédouin qui, en 1948, avait bien voulu m'écrire pour m'informer de la « découverte » que mon livre lui avait permis de faire et qui me demandait comment entrer en relations avec André Breton. Je suis donc mal placé pour parler de son ouvrage : *Vingt ans de surréalisme*, 1939-1959 (Denoël, 1961), où le lecteur puisera d'utiles renseignements.

Avec un zèle louable, l'auteur s'efforce de montrer que le surréalisme « continue ». Il en voit la preuve dans la suite de déchirements internes que le Groupe a vécus, dans une cascade de mises en demeure, d'exclusions, de rentrées en grâce, d'accusations portées contre les uns et les autres et sans que rien d'essentiel ne semble, hélas ! mis en question. Il confirme par là ce manque de prise sur le réel dont est frappé le Surréalisme aujourd'ui et, par suite, le peu d'importance que nos contemporains ont prêté à ce qui leur a paru pure agitation. En dépit de lui-même et malgré un ton constamment laudatif, l'auteur montre que quand une histoire se survit, elle se dégrade inévitablement en anecdotes.

Cependant, à propos de la Guerre d'Algérie, après le coup d'Etat du 13 mai 1958 et en quelques autres occasions décisives, le mouvement surréaliste a pris parti avec franchise et vigueur, fait entendre les paroles qu'il fallait dire, adopté des attitudes dont l'intransigeance était en ces occasions justifiée. Fondé sur des options capitales, est-il nécessaire d'affirmer que ces options sont toujours d'actualité ?

Décembre 1963.

Table

Collection Points

IMP. BUSSIÈRE A SAINT-AMAND (10-84)
D.L. 1ᵉʳ TRIM. 1970. Nº 2513-7 (2292)